高校创新创业教育资源建设与实践研究

裴翠英　张疆媛　李占青　著

中国商务出版社

·北京·

图书在版编目（CIP）数据

高校创新创业教育资源建设与实践研究 / 裴翠英，张疆媛，李占青著. -- 北京 ： 中国商务出版社，2023.10

ISBN 978-7-5103-4817-4

Ⅰ．①高… Ⅱ．①裴… ②张… ③李… Ⅲ．①高等学校－创造教育－教育资源－资源建设－研究－中国 Ⅳ．①G640

中国国家版本馆CIP数据核字(2023)第174564号

高校创新创业教育资源建设与实践研究

GAOXIAO CHUANGXIN CHUANGYE JIAOYU ZIYUAN JIANSHE YU SHIJIAN YANJIU

裴翠英 张疆媛 李占青 著

出　　　版：中国商务出版社

地　　　址：北京市东城区安外东后巷28号　　邮　编：100710

责任部门：发展事业部（010-64218072）

责任编辑：孟宪鑫

直销客服：010-64515210

总 发 行：中国商务出版社发行部（010-64208388　64515150）

网购零售：中国商务出版社淘宝店（010-64286917）

网　　　址：http://www.cctpress.com

网　　　店：https://shop595663922.taobao.com

邮　　　箱：295402859@qq.com

排　　　版：北京宏进时代出版策划有限公司

印　　　刷：廊坊市广阳区九洲印刷厂

开　　　本：787毫米×1092毫米　　1/16

印　　　张：8.75　　　　　　　　字　数：200千字

版　　　次：2023年10月第1版　　　印　次：2023年10月第1次印刷

书　　　号：ISBN 978-7-5103-4817-4

定　　　价：84.00元

目录

第一章 高校创新创业教育概述

第一节 大学生创新创业教育概述

一、创新与创业的含义

联合国教科文组织在《21 世纪的高等教育：展望与行动世界宣言》和《高等教育改革与发展的优先行动框架》中提出，必须将创业技能和创新精神作为高等教育的基本目标。我国教育部在《关于大力推进高等学校创新创业教育和大学生自主创业工作的意见》中指出，大学生是最具创新、创业潜力的群体之一，要在高等学校中大力开展创新创业教育。

（一）创新

1. 概念

创新是指以现有的思维模式提出有别于常规或常人思路的见解为导向，利用现有的知识和物质，在特定的环境中，本着理想化需要或为满足社会需求，通过改进或创造新的事物、方法、元素、路径、环境获得一定有益效果的行为。

创新是以新思维、新发明和新描述为特征的一种概念化过程。创新的概念源自拉丁语，有三层含义：第一，更新；第二，创造新的东西；第三，改变。

创新是人类特有的认识能力和实践能力，是人类主观能动性的高级表现，是推动社会发展的不竭动力。一个民族要想走在时代前列，就一刻也不能没有创新思维，一刻也不能停止各种创新。创新在经济、技术、社会学以及建筑学等领域的研究中举足轻重。

从本质上说，创新是创新思维蓝图的外化、物化。

创新是近年来使用最频繁的词汇之一。有人认为创新就是创造，将创新和创造视为同义词。有人认为，创新和创造根本就是两个不同的概念，不能混为一谈。究竟何为创新，本章力图从其本质做出诠释。从词源来看，在我国古代《汉书·叙传下》中，就有"创，始造之也"之说。历史上最早与创合用的是"创造"两字，我国《辞海》对"创造"的解释为"首创前所未有的事物"，它特别强调独创性和首创性。创新是一个外来词，是知识经济时代大力弘扬的理念。由于创新活动首先是一种经济行为，所以对创新的理解，应从经济学范畴中探源，根据经济学理论予以解读。

"创新"是当代经济学的一个重要概念，具有十分丰富的内涵。首先提出这一概念的是美籍奥地利经济学家约瑟夫·阿罗斯·熊彼特（Joseph Alois Schumpeter）。他在其1912年德文版《经济发展理论》一书中，首先使用"创新"（Innovation）一词。他将"创新"定义为新的生产函数的建立，即企业家实行对生产要素的新的组合。它包括以下五种情况：一是引入一种新产品或提供一种新的产品质量；二是采用一种新的生产方法；三是开辟一个新的市场；四是获得一种原料或半成品的新的供给来源；五是实行一种新的企业组织形式。人们之所以要进行这些方面的创新，多是出于经济原因，即强烈的利润动机和潜在的利润前景的驱使。他说过一句名言：创新是资本主义的永动机。

2. 含义

通过经济学理论的分析可知，创新的基本含义有两点：一是引入；二是革新。较为完整的表述是：创新是指新的生产要素的重新组合或再次发现的知识被引入经济系统的过程。按照这一理解，创造本身并不是创新，只有把创造成果引入经济系统产生效益，才是创新。"创新"和"创造"这两个概念在英文中两者也是不同的，"创造"为"Create"或"Creation"，"创新"为"Innovate"或"Innovation"。将经济领域中的"创新"概念，拓展、延伸到政治、文化、教育、管理等各个领域，其含义主要包含以下要点：

（1）创新是将新设想或新概念发展到实际应用和成功应用的阶段，是创造的某种价值的实现。按照知识管理专家艾米顿对"创新"的定义，他认为创新就是从新思想到行动，它首先关注的是现实效益的转化。这里所指的效益，不仅是指经济效益，而且包括广泛的社会效益、单位和部门利益及个人利益。

（2）创新是运用知识或相关信息创造和引进某种有用的新事物的过程。其中的创造性过程，是从发现潜在的需要开始，经历新事物的可行性检验，到新事物的广泛应用为止。作为一种引进新事物的过程，既指被引进的新事物本身，具体来说就是被认定的任何一种新的思想、新的实践或新的制造物，同时也包括对一种组织或相关环境的新变化的接受过程。这里所指的事物既可以是物质形态的产品、工艺和方法，也可以是精神形态的思想、观念和理论等。

（3）除"创造"和"引进"这两种方式外，创新还可以通过对已有事物的改进、完善、扩展和延伸获取收益。创新既可以将创造成果推向市场，也可以是建立在已有事物的基础上，推动事物发展，生产新成果，形成新效益的创造性活动。

将创新理解为经济概念的重要性，在于探讨创新与经济增长的关系。以亚当·斯密为代表的古典经济学派认为，高储蓄率导致生产资料的积累而使经济增长，但是如果没有新技术创新和改进的持续注入，基于边际收益递减规律，当经济投入一定程度后其效益将呈现迅速下降的趋势。

因此，古典经济学家所提倡的储蓄和投资所带来的收益必定是有限的。根据创新理论研究，经济增长的过程是通过经济周期的变动来实现的，而经济周期变动的原因在于创新。利益推动创新，创新刺激投资，引起信贷扩张，扩大对生产资料的需求，从而推动经济走向繁荣。在此过程中，有许多新资本的投入，同时那些适应能力差或行动迟缓的企业则会被挤垮。因此，创新既推动经济增长，同时也造成对旧资本的破坏。熊彼特曾用"具有创造性的毁灭过程"来概述"创新"在促进经济增长中的巨大作用。

在熊彼特创新概念的基础上，人们进一步演绎提出"技术创新、产品创新、过程创新、营销创新、市场创新、制度创新、体制创新和金融创新"等一系列概念，并将企业的微观创新活动上升到国家宏观层次，将各种创新活动看作是一个系统和整体，进而提出"国家创新体系"的概念。

我国国民经济和社会发展第十个五年计划纲要首次提出：建设国家创新体系，建立国家知识创新体系，促进知识创新工程，并实施跨越式发展的宏伟战略。《国家中长期科学和技术发展规划纲要（2006—2020 年）》中指出：国家科技创新体系是以政府为主导、充分发挥市场配置资源的基础性作用、各类科技创新主体紧密联系和有效互动的社会系统。国家科技创新体系主要由创新主体、创新基础设施、创新资源、创新环境、外界互动等要素组成。

在整个国家创新体系中，企业作为经济活动的主体，也是创新的主体，其关键是进行技术创新。中共中央、国务院《关于加强技术创新、发展高科技，实现产业化的决定》指出：技术创新，是指企业应用创新的知识和新技术、新工艺，采用新的生产方式和经营管理模式，提高产品质量，开发生产新的产品，提供新的服务，占据市场并实现市场价值。

据此，技术创新不仅是一种生产技术活动，而且是一种经济活动，其实质是为企业生产经营系统引入新的技术要素，以获得更多的利润；技术创新的关键不是研究与开发，而是研究与开发成果的商品化；技术创新的内容包括产品创新、过程创新和服务创新。尽管企业创新需要政府和教育、科研机构等为之提供各种支持和帮助，但所有这一切归根结底都是为企业创新服务的。国民经济的发展需要依靠作为其基本生产单位的企业的不断创新和发展来实现。

（二）创业

在过去的几十年里，创业研究引起各国学者关注，虽然取得了丰富的研究成果，但多数创业研究专注于创业的某个方面，如创业环境、创业过程、创业资源、创业者特质或创业政策等。因此，如何给创业下定义，如何界定创业的内涵和范围等，学界至今仍然未能给出一个清晰的框架。实际上，创业是一个复杂的社会现象，涉及多个学科、多层面，其研究的学科包括社会学、经济学、管理学、心理学、教育学、人类学和历史学等。

在中西文化中，"创业"有两种表达方式：Entrepreneurship 和 Enterprise。其中，Entrepreneurship，意思是"企业家""企业家精神""创业精神"等；Enterprise 的含义在《英汉双解剑桥国际英语词典》中为"企业，事业（尤指可获利的）艰巨的计划"。据此，创业可视为创立企业的过程，其意集中在经济活动与财富增长方面。我国《辞海》对创业的定义为："创业，创立基业。这里的'基业'是指事业的基础、根基。""创立基业"，是指开拓或创立个人、集体、国家的各项事业以及所取得的成就。其含义宽泛，从"创业"这个概念的汉语使用法来看，主要强调以下三个方面：一是强调开端和初创的艰辛和困难；二是突出过程的开拓和创新；三是侧重在前人的基础上有新的成就和贡献。

学者们基于不同的视角对"创业"所给出的阐述，虽然具有一定的局限性，但对全面理解"创业"很有裨益。

1. 从识别机会能力的视角

奈特认为，创业就是承受不确定性和风险而获取利润。伊斯雷尔·柯兹纳认为，创业就是正确地预测下一个不完全市场和不均衡现象在何处发生的套利行为与能力。莱本施泰因认为，创业是比自己的竞争对手更明智、更努力工作的能力。史蒂文森·罗伯桑德·格罗斯贝克认为，创业就是洞察机会的能力，而不是已控制的资源驱动了创业。康纳认为，按资源观点，从根本上来说，辨识其投入的能力属于创业者的远见和直觉，但在目前，这种远见下的创造性行为却还没成为资源理论发展的重点资源观点。其共同点在于：创业是一种为获取利益而洞察机会的能力，是一个在不确定的环境中进行识别、获取利润的活动。

2. 从创业者个性（心理特质）视角

威廉·D·拜格雷夫（1989）认为，创业就是首创精神、想象力、灵活性、创造性、乐于理性思考和在变化中发现机会的能力。

3. 从获取机会视角

史蒂文森、罗伯桑德·格罗斯贝克（1994）认为，创业就是不顾现有可控制的资源而寻求和利用机遇。万卡丹·文卡塔拉曼（2000）认为，创业就是发现和利用有利可图的机会。美国国家创业委员会（The US National Commissionon Entrepreneurship）认为，创业是不断地变化会产生创造财富的新机会，创业就是经济（主体）利用这些新机会的方式，其共同点在于创业是一个寻求和利用机会、创造财富的过程。

4. 从创建新组织与开展新业务的活动视角

熊彼特认为，创业是实现企业组织的新组合、新产品、新服务、新原材料来源、新生产方法、新市场和新的组织形式。柯尔（1968）认为，创业是发起、维持和开展以利润为导向的有目的的业务活动。加特纳（1983）认为，创业是开展独立的新业务。加特纳认为，创业是新组织的创建。管理学院（The Acade my of Management）认为，创业是创办和管理新业务、小企业和家族企业。洛兰德·麦·米伦认为，创业就创办新企业。其共同点在于创业是组织的新组合或新组织的创建。

可见，西方创业理论普遍认为，创业是一个发现和捕获市场机会并由此创造出新产品或服务并实现其潜在价值的过程，是一个创造、增长财富的动态过程，是一个新组织的创建过程。

国务院发展研究中心研究员李志能认为，创业是一个发现和捕捉机会并由此创造出新颖的产品或服务和实现其潜在价值的过程。南开大学张玉利教授认为，创业是基于创业机会的市场驱动行为过程，是在可控资源匮乏前提下的机会追求和管理过程，是高度综合的管理活动，表现为创业者以感知创业机会和识别能为市场带来新价值的创新性产品或服务概念为基础，引发创业者抓住机会，并最终实现新企业生存与成长的行为过程。

本书认为，创业可从广义和狭义两方面理解。广义的创业是指开拓或创立个人、集体、国家的各项事业以及所取得的成就；狭义理解的创业是指创立一个新企业，可分为生存型创业和机会型创业。生存型创业是创业者出于生存目的、为获得个人基本生存条件、不得已而选择的创业形态，呈现出低成本、低门槛、低风险、低利润、无力用工等特征；机会型创业是通过发现或创造新的市场机会，追求更大发展空间，通过新产业的开拓实现对新市场开拓的创业形态，呈现出创业起点高、对经济社会的推动力大、市场空间大、造就的就业岗位多、利润高、风险大等特征。

创业过程一般分为机会识别与机会开发两个阶段：

（1）机会识别一般具有创业动机的个体在获取初始创意之时，即开始了机会识别。维斯帕区分了创意的两种来源：一种是意外发现，一种是经过深思熟虑才发现。他观察到大多数创意是碰运气发现的，而多数创意是从职业中产生的，也可能是从业余爱好、社交或步行观察中发现的。蒂奇等人揭示了与机会识别过程的 8 个要素：正式计划、正式评价、市场与技术驱动、细致调查意外发现、先前职业、创新与改进、信息调查。

（2）根据韦伯的观点，要创业，首先要有一个能够成功或有能力开发可盈利机会的现代企业或组织；创业过程表现为一个以机会识别、机会评价、决定开始并以资源获取结束的连续过程。德科宁认为，发现机会识别过程和必要资源的评估是相互交叠的。在这一转变过程中，创业家要开发必要的资源并控制管理好资源。

总而言之，创业是一个过程，创业过程受到政治、经济、文化等社会或环境因素的影响；创业过程由机会发现、机会评价、机会开发和创业结果等组成，创业中的市场调研是创业机会发现和评价的基础；创业旨在创造出新颖的产品、服务或实现其潜在价值。在创业过程中，个体创业家是核心要素，其中对机会追求是创业的关键要素；创业可以创建一个企业，也可以在已创建的企业中发生。

二、创新与创业的关系

创业的本质在于把握机会，创造性的资源整合、创新和快速行动。所以说，创业的本质是创新，创新是创业的灵魂，两者之间存在密切的内在联系。狭义的"创业"概念是一个经济学的范畴，是指主体以创造价值和就业机会为目的，通过组建一定的企业组织形式，为社会提供产品或服务的经济活动。这种创业对创新的要求并不高，更多强调的是有组织的经济活动。只要是创业，就有一个从无到有的过程，所以说创新是创业的基础，创业推动着创新。

（一）创新与创业的内在联系

在熊彼特的创新理论中，创新是经济学的一个重要概念，而领导和发起创新的创新者是企业家，企业家施行对生产要素新的组合，组织和推动经济发展，因此，创业者是创新活动的倡导者和实现者。正是创业者的创新活动促使科学技术转化为生产力，推动了产业结构的升级，也推动了经济活动和生活方式的变革，实现了经济社会的发展。因此，创业者是创新活动乃至经济发展的灵魂，建立一支高素质的创业人才队伍是创新时代的第一要义。经济学创新理论研究认为：人们之所以要进行这些方面的创新，是出于经济原因，即强烈的利润动机和潜在的利润前景的驱使，利益推动创新，创新刺激投资，创新既是产业结构调整的原动力，也是成功创业，还是科技型创业的基础。

从创新的时效性看，企业创新特别是在将科技成果推向市场的过程中，一般总是从产品创新、技术创新开始的。因为一种新的市场需求总是表现为产品需求，因而，在创新初期，企业的创新活动主要是产品创新。一旦产品被市场接受，随之而来的企业就会将注意力集中在过程创新上，其目的是降低生产成本，改进生产工艺，提高生产率。当产品创新和过程创新进行到一定程度时，企业的创新注意力就会逐渐移到市场营销方式的创新上，目的是提高产品的市场占有率。因为这些创新重点在不同的时序上，所以会伴随着必要的管理创新和组织创新。可见，利用科技成果进行创业的过程是一个不断创新的过程。

机会型创业是衡量一个国家创业活跃程度和创业水平的重要指标，机会型创业对产业升级、扩大就业、拓展市场、增加税收等具有重要意义。无疑，众多受过高等教育并具有较高综合素质的大学生应是机会型创业的主力军。大学生在就业与创业的选择过程中，可以充分发挥自身优势，捕捉、识别、筛选、利用资源，并抓住市场机会，从事创业活动。

特别是大学生可凭借自身的知识优势，依靠自己拥有的技术成果如专利技术、保密技术或新的知识服务方式，依托学校资源，选择最佳的创业时期和创业地点，创办科技型企业。其实，科技型企业创办从一开始就表现为技术创新。我们从创新的时序规律中不难看出，成功的创业必然包括经营创新和管理创新，不创新就会被淘汰，创新是新产品、新行业层出不穷的根本原因。从科技型创业创办条件可以看出，创新是创业的基础。

（二）创新与创业的区别

语言学定义可以帮助我们理解创新和成业之间的区别。《辞源》中"创"的主要含义就是"破坏"，同时有"开始"和"创立"之意。按照《现代汉语词典》的解释，创新是指抛开旧的、创造新的，也可简要概括为破旧立新的过程。创新是"新的生产函数的建立"，即"企业家实行对生产要素的新的组合"。"创业"，在《辞海》中的定义是"创立基业"。因此就可以被理解为"事业心、开拓精神教育"或"企业家精神教育"。

创业与创新虽然都具有开创之意，但两者内涵有着明显区别。人们对"创新"概念的理解最主要是从经济与技术相结合的角度，探讨技术创新在经济发展过程中的作用。

（三）创新与创业的契合

创新、创业尽管有各自明确的研究边界，但同时也有着密不可分的内在联系。在信息化、经济全球化背景下，二者的相互作用和集成融合，对我们教育创新、创业的理论与实践，对构建创新型国家，推动企业进行技术创新、高等院校教育创新以及创新创业型人才培养具有重大且深远影响。

近年来，随着我国高等院校办学规模的扩大和招生人数的不断增加，相应的毕业生人数急剧增加。据相关部门统计，每年我国毕业生人数占到当年新增就业岗位的一多半，显然供过于求，从而导致了高等院校毕业生的就业形势日趋严峻。随着高校仍在连续大规模的扩招，在高等教育基本要实现了由"精英教育"向"大众化教育"的跨越式发展的同时，毕业生就业难也成为各高校必须面对的问题。中国的大学生创新与创业教育平均水平低于经济发达国家，创新思维缺乏，创业意识较差，在如此的社会环境下，开展大学生创新与创业教育，以创新教育促进学生全面发展，并以创业促进大学生就业，将是各高校亟待解决的问题，也是各高校面临的重要转折机遇。

虽然"创业"与"创新"是两个不同的概念，但是两个范畴之间却存在着本质上的契合，即内涵上的相互包容和实践过程中的互动发展。

第一次提出了"创新"概念的经济学家熊彼特认为，创新是生产要素和生产条件的一种从未有过的新组合，这种新组合能够使原来的成本曲线不断更新，由此会产生超额利润或潜在的超额利润。创新活动的这些本质和内涵，体现着它与创业活动在性质上的一致性和关联性。

创新是创业的基础，而创业推动着创新。一方面，科学技术、思想观念的创新，促进了人们物质生产和生活方式的变革，并引发新的生产、生活方式，进而为整个社会不断地提供新的消费需求，这是创业活动之所以持续开展的根本动因；另一方面，创业在本质上是人们的一种创新性实践活动。无论是何种性质、类型的创业活动，它们都有一个共同的特征，即创业是主体的一种能动的、开创性的实践活动，是一种高度的自主行为。在创业实践的过程中，主体的主观能动性将会得到充分的发挥，正是这种主体能动性充分体现了创业的创新性特征。

（四）创业与创新的相互作用

1. 创新是创业的本质与源泉

经济学家熊彼特曾提出，创业包括创新和未曾尝试过的技术。只有在创业的过程中具有持续不断的创新思维和创新意识，创业者才可能产生富有创意的想法和提出新的方案，才可能不断寻求新的模式、新的思路，最终获得创业的成功。

2. 创新的价值在于创业

从一定程度上讲，创新的价值就在于将潜在的知识、技术和市场机会转变为现实生产力，实现社会财富的增长，造福人类社会，实现这种转化的根本途径就是创业。创业者可能不是创新者或发明家，但其必须具有能发现潜在的商机和敢于冒险的精神；创新者可能不是创业者或企业家，但其创新的成果必须经由创业者推向市场，使创新成果潜在的价值市场化，创新成果才能转化为现实生产力。

3. 创业推动并深化创新

创业可以推动新发明、新产品或新服务的不断涌现，创造出新的市场需求，从而进一步推动和深化各方面的创新，提高企业或整个国家的创新能力，进而推动经济的增长。

通过以上对创业与创新之间关系的论述，我们知道二者相互内在相关、密不可分，并且了解到创业与创新的融合对解决我国目前大学生的就业问题至关重要。由于创新与创业的密切关系，我国高等院校的创新与创业教育应该相互渗透融合，弘扬创新创业精神，健全创新创业机制，完善创新与创业的环境，加强"产学研"之间结合，加强创新与创业的交叉渗透和集成融合，从而推动社会的可持续发展。

第二节 中外大学生创新创业教育概况

一、外国大学生创新创业教育

（一）美国大学生创新创业教育

大学生创新创业，在国外已经有几十年的发展历史。美国大学生的创业史大抵可以追溯到20世纪60年代，比尔·盖茨和他的微软公司就是从那时起步的。20世纪50年代，美国已经实现了高度的工业化，到1960年人均GNP超过2 000美元。20世纪60年代经济增长和市场扩大为美国高技术产业的发展创造了基础条件。1958年，美国通过《小企业投资公司法》，使小企业投资公司能享受政府软贷款和税收优惠，鼓励其投资高科技及相关产业。现在成为美国经济支柱的高科技产业，80%是依靠风险投资扶植起来的。

目前，大学已成为美国国家创新体系中的重要一部分，以美国斯坦福大学为主导发展起来的"硅谷"科学工业园区就是一个典型。在那里，有著名的斯坦福大学、加利福尼亚大学，硅谷的崛起和这些大学是密不可分的，尤其是斯坦福大学。知识信息的创造、加工、传播和应用的有机整合使得硅谷的科技和经济迅速发展，被誉为"高新技术的摇篮"。

（二）德国大学生创新创业教育

创新精神与创业能力是大学生人文素质的重要组成部分。将"创新与创业"课程纳入大学生人文素质教育课程体系，不仅有助于培养大学生的人文素质，更有利于培养大学生的创新精神。据德国相关部门统计，创业已经成为德国大学生就业的一个重要渠道，这主要得益于德国为大学生创业制定的创业政策。

一是德国政府和金融研究机构联合在中学、大学开设创业课程，让学生很早就开始尝试自己开公司，接触和熟悉企业管理及经营知识。二是德国联邦教研部通过实施"EXIST"区域创业计划，选出哈根、德累斯顿、耶拿、魏玛、卡斯鲁厄和斯图加特五个地区，支持这些地区的大学与校外经济界、科学界和政府部门建立合作伙伴关系，推动和支持大学的创业活动，提高创业质量。三是德国政府现有650项促进中小企业发展的计划，其中包括德国平衡银行的"欧洲地区促进——产权资本援助计划"。四是在德国中小企业社会化服务体系中，工商会（DIHT）、中小企业联合总会（ZDH）以及工业联合会、同业工会等行业组织效率高，基层网络较健全，在中小企业发展中起着重要作用。五是在德国，从中小学到大学，再到企业，各个层面均有旨在传授创业知识、激发人们创业精神的相关课程与促进高校学生和毕业生再度创业的促进项目。近年来，越来越多的德国高中毕业生在上大学之前就获得一定的职业经历和经验，并接受双轨制职业培训。

二、我国大学生创新创业教育

国内高校创新创业教育的实施始于20世纪末。近20年来，创新创业教育逐步引起了各高校的重视，一些高校在国家有关部门和地方政府的积极引导下，进行了有益的探索与实践。下面结合国内部分高校进行简要介绍。

（一）云南大学创新创业教育

多年来，云南大学以文化素质教育基地建设为依托，以人才培养模式创新实验区建设为契机，以"全方位育人、全过程育人和全员育人"为宗旨，不断推进内涵式发展，转变教育理念，根据学校办学定位和办学传统，充分发挥区位和资源优势，逐步构建起了有学校特色的文化素质教育课程体系。

1. 云南大学素质教育理论认知

（1）素质教育是"成人"教育。素质教育与专业教育具有同等重要性，甚至比专业教育更为重要。只有将素质教育摆在与专业教育同等重要的地位，才能将知识传授和素质培养有机结合起来。

（2）素质教育是一种教育思想和观念。素质教育作为一种教育思想和教育观念，是教育本质的体现。从理论上来讲，作为教育思想或者教育观念的文化素质教育，就是要体现文化育人、文化传承的教育职能；从"成人"教育的角度上讲，是有关世界观、价值观、道德观、中华文化与历史、世界文化与历史、文学与艺术以及公民教育等方面的综合素质教育。

（3）素质教育是创新教育。创新能力是能力、品质、个性等的综合体现。文化与科学素质作为综合素质的重要组成部分，素质教育自然应该是创新人才培养的重要方式。素质教育对传统专业教育和学科壁垒的突破，在教育方式上就是一大创新，所以在教育本身蕴含的目的和本意上，尤其对人的培养，理所当然是创新教育。

（4）素质教育是特色教育。素质教育是有关人的全面发展的教育，素质教育对人的知识基础性作用和成人教育的多方面性，体现了其拓宽知识，打破知识壁垒的综合素质构成作用。同时，在具体的教育进程中，素质教育又是个性教育和实践教育，教育对象的多元特点和多元需求，以及素质教育本身的实践检验性，都要求素质教育从内容到形式要符合教育对象的个性特征，从这个意义上讲，素质教育又是特色教育。

2. 云南大学素质教育的内容构建

云南大学素质教育内容由文化素质教育体系和创新素质教育体系构成。文化素质教育体系以学生人文素养为核心目标，培养学生的文化素养、价值观、人生观、专业理想、个性心理、社会适应、合作精神等方面；创新素质教育体系以学生科学精神为核心目标，培养学生的创新思维、实践能力、探索精神、职业素养等方面。文化素质教育体系和创新素质教育体系相互影响、相互促进、相互融合，形成学生发展、学校进步的素质教育内容体系。

云南大学素质教育既具有相对独立的教学内容和体系，同时又具有自身的特点。素质教育选修课程在教学目的、教学要求上有别于专业课程，其基本要求是传承文化、辨明价值、科学思维、拓展能力，具有几个鲜明的特点：一是基础性。课程内容有利于学生了解人类文明中最基本的知识领域和不同学科的理念、价值、思维方法，课程内容适合全体学生学习。二是综合性。课程对该学科与课程内容相关领域的知识进行融会贯通，使学生理解该学科不同领域之间的关联。通过不同学科课程的学习，使学生形成分析问题的多种视角。三是深刻性。课程不仅要让学生获取广泛的知识，更应注重对其心性和思想的启发，培养其审美观、价值判断力和社会责任心，陶冶健康人格，从而达到人的全面和谐发展。四是时代性。课程具有时代特征，反映学科相关领域的新成果、新信息、新趋势。

3. 云南大学素质教育的特色

一是多元与开放相融合。云南大学素质教育的课程内容与学校的传统特色、区位特色、资源特色紧密相关，呈现出多元开放的特点。二是适应与创新相统一。云南大学素质教育的课程形式与学校持续推进的教学创新改革密切关联，呈现出适应与创新相统一的特点。三是素质教育课程发展与完善。云南大学素质教育课程在探索和创新过程中得以发展和完善，由通识教育领域逐渐拓展到专业教育领域；由校内的文化素质教育拓展到校外的创新实践能力教育；由学生知识、能力的转化提升到学生品格的养成，素质教育的成效和水平不断提高。四是发挥区位和资源优势，开设特色文化素质教育课程。五是搭建合作平台，引进校外优质文化素质教育课程资源。学校通过与复旦大学签署合作协议，实现部分优质文化素质教育课程的共享。六是打造文化素质教育品牌。为进一步提高文化素质教育课程的质量，学校聘请了一批德高望重的老教授开设文化素质选修课，着力打造"名师、名家、名课"体系，并以公开招标的方式，在全校遴选建设综合素质教育"品牌课程"。七是专业教育和公共课程教育融入文化素质教育。学校积极鼓励和引导教师在专业和公共教学中将人文素质教育融合其中，充分挖掘专业教育对学生人文素质教育的潜移默化作用。

（二）南开大学创新创业教育

"允公允能、日新月异"是南开大学始终坚持创新创业的育人特色。"突出应用与创新"、重视实践育人历来是学校的优良传统，自1919年建校以来，南开大学始终坚持"公能"教育并举，致力于培养具有"爱国爱群之公德、服务社会之能力"的人才，培养大学生"知中国服务中国"，并为国家和社会培养了一批批基础扎实、素质全面、富于开拓精神和实践能力的栋梁之材。

经过总结梳理，本节将南开历年开展的创新创业实践活动分为三类："项目化"品牌、"体验式"实践、"综合型"活动。"项目化"包括挂职锻炼、科普宣传、政策宣讲、文化传播、帮残助困、支农支教、勤工助学、社会调查、专题调研、法律援助、医疗卫生服务、公益活动、培训指导、课题合作、科技指导、文化科技卫生"三下乡"、文体科技法律卫生"四进社区"、创业实践、发明创新等；"体验式"涵盖专业型岗位体验、非专业型岗位体验以及就业型岗位体验等；"综合型"包括志愿服务、社会兼职、教学实践、专业实习等。主要表现形式为学生创新创业实践与教师实践结合、社会需求与教师科研结合、社会实践与实习就业结合。

1. 确立"为公""增能"层次的实践育人理念

南开大学学生社会实践工作突出以"公能"为主线，具有多层次性和系统性，既要求在人本层面促进学生全面发展；又着力要求在专业层面培养学生优良的职业道德、专业素质和扎实深厚的知识根基，提高创新和实践能力，成为"以德为先、能力为重、全面发展、勇于创新"的德才兼备的高素质人才。

一是"为公"——内涵式发展。培养学生的"公"之志向、操守、襟怀。

二是"增能"——基础的延伸。培养学生解决实际问题的能力、勇于探索创新的能力，增强沟通协作的能力。

2. 建立立体化的学生创新创业社会实践工作格局

一是学历结构立体化，全面包含从入学到博士的各个年级。学校为全校不同学历、不同专业、不同需求的学生设立专项实践课题，提高社会实践活动的针对性和实效性。

二是实践内容立体化，突出示范团队实践、专业教师带队调研和个人挂职锻炼的有机结合。在策划组织学生社会实践工作中，南开大学紧扣时事热点，注重发掘学生的兴趣，调动学生参与的积极性。

三是地域分布立体化，实践足迹遍及沿海发达地区、西部经济欠发达地区以及天津滨海新区。学校注重引导学生拓宽实践视野，完善生活经历，突出"发达""欠发达""周边"三种地域经历的有机结合。

四是时间安排立体化。寒暑假实践与平日实践相结合，推进社会实践的常态化和长效化。

3. 打造"全员覆盖型"学生创新创业社会实践工程

社会实践全员覆盖是高校思想教育全员育人的重要内容和要求。学校深入落实教育部、团中央"确保每一个大学生都能参加社会实践"的工作要求，克服指导老师构成单一、实践地资源不足、学生主动性欠佳等困难，在完善制度、整合资源、提升动力等方面下大力气，使"实际动手解决问题"成为每个南开学生的必修环节和社会认可的"强项"。

4. 在组织上不断拓展实践工作的平台，为"全员覆盖"提供资源保证

实践证明，一是学生创新创业社会实践是一项系统工程，主题要素是各职能部门、专业教师、管理干部和全体学生，实现全员覆盖仅靠传统的共青团组织来协调和联系，实践资源远远不能满足学生的需求，必须要全校合下一盘棋共同延伸实践工作的手臂。二是增加人力和财力投入，不断扩充师资队伍，从专业教师到专兼职团干部，指导教师带队实践形成固定模式，同时，逐年增加对社会实践工作的经费支持。三是挖掘校外资源，如校友资源、固定招聘单位的资源以及合作办学单位的社会资源等，在稳固现有实践基地的基础上不断扩充实践领域，为学生社会实践提供场地的保证。四是规范制度，校团委专门设立实践部，及时向全校发布日常社会实践需求信息，营造积极进行社会实践锻炼机会的工作氛围。五是重考评表彰，逐级开展院校两级优秀作品评选，认真做好示范团队和典型个人的经验分享，进一步激发学生开展实践工作的积极性。

5. 深刻剖析大学生参加社会实践的内在需求，完善促进大学生社会实践的动力机制

"以学生为本""一切将学生成长作为出发点和落脚点"是南开的办学理念。一方面，通过综合素质能力测评与鉴定方式，引导和鼓励学生提高主动实践的意识；另一方面，提高与求职相关的实践能力塑造、实践机会推介、用人单位 HR 培训等活动频度，吸引学生的关注，积极开拓实习锻炼、专业应用等相关的实践活动，着力调动学生的参与积极性。

第三节　高校创新创业教育路径选择

实施创新创业，教会学生学习是重要途径之一。创新创业教育就是按照培养社会主义建设者和接班人的要求，促进全体学生在德、智、体、美、劳等方面全面发展的教育。

（一）树立正确的创新创业价值观

创新创业是一个有一定风险，有可能短时间收获巨大的成功，但在大多数情况下有可能在付出艰辛劳动后收获甚少的社会行为，因此大学生要树立正确的创新创业价值观。基于价值观的不同，本书将创新创业分为三类：第一类是对经济利益的追求；第二类是自我证明的需要，向社会证明自我的能力；第三类是对社会责任感的追求。这三类价值观在现实社会中是同时存在、相互交融的。首先，经济社会对价值的追求是没有错的，通过辛勤的劳动获得经济回报是值得鼓励、值得赞扬的。创新创业是艰辛的，需要极大的勇气和毅力，因此，学校要培养大学生良好的创新创业品质——勇往直前、永不退缩、敢于承担责任、包容团结。

（二）加强大学生创新创业法律教育

市场经济本质上是法制经济，一个创新创业者进入市场，如果能了解相关法律，按照相关规则操作，就有可能可以很快被市场接受，并得以运营、发展。反之，如果一个不懂相关规则的创新创业者进入市场，他必然要交更多的"学费"。因此，加强创新创业法律教育表现在：

1. 提高创新创业竞争力

市场经济要求市场主体在进行经济活动时必须遵守相关法律规定，否则就可能会带来不利的法律后果。国家对大学生创新创业出台了一系列税收减免、贷款等方面的优惠政策，如果了解这些政策，就能很好地解决大学生创新创业普遍存在的一些问题，从而提高其竞争力。

2. 降低创新创业风险

市场主体在活动的过程中会存在各种各样的法律风险，有时法律风险甚至会大于市场本身带来的风险。作为大学生创新创业，由于其资金薄弱、规模较小、抗风险能力差，这势必会严重影响其企业经营，甚至直接导致创新创业失败。因此，只有在创新创业教育中让大学生全面了解相关法律，提高其预防和解决纠纷的能力，才能降低法律风险，提高其创新创业成功率。

3. 避免误入歧途

大学生作为创新创业者，由于其正处于青年期，社会经验不足，心理发育还没有完全成熟，而社会是复杂的，创业中面临的诱惑更是多种多样的。如果大学生缺乏法制意识，不能了解相关法律知识，就很可能误入歧途，甚至走上违法犯罪的道路。

（三）深化校企合作

创新创业教育本身的实践性特征决定了它与社会和企业有着必然的联系，建立起广泛而深入的校企合作关系是高校开展创新创业教育的必要条件。一方面，让高校的人才和成果"走出去"，服务社会和企业；另一方面，将企业和社会资源"引进来"，形成开放、和谐、对话的良性循环体系。

（四）注重培养大学生群体意识

群体意识的形成有益于大学生创新创业活动的开展。作为一个社会人，总是要生活在一定的环境中，融入一个特定的群体之中。

群体意识的形成不仅能够内化大学生创新创业的动力，还能够以集体的力量规范个体的行动，即群体意识的反作用力。群体意识通过外在的全方位、多层次、多形式的具有特色的教育，达成对真善美的共识，达到大学生创新创业教育的整体效果。

在大学生创新创业参与的集体活动中，逐步引进竞争机制，促进自我提高，竞争离不开集体，集体需要引进竞争机制而增强活力。一方面，自我提高需要得到集体的支持与鼓励；另一方面，从强烈的集体荣誉感和自豪感与集体的关系上看，没有集体荣誉感和自豪感便没有集体的凝聚力，学校要培养每个大学生创新创业的荣誉感和自豪感。

第四节 大学生创新创业教育实践研究

一、加强校园文化建设，促进大学生创新创业素质发展

（一）从基础素质教育着眼，培养大学生的各种基本能力

我国高校毕业生就业最终要走向社会，只有各种能力较强、发展较为全面的毕业生，才有较强的竞争力。因此，高校应将学生综合素质的培养作为重要内容。

1. 增强校园文化活动的知识性、艺术性，提高大学生欣赏水平

开展丰富多彩的校园文化活动，努力提高活动质量，吸引学生广泛参与，使其在这些实践性较强的活动中培养各自的兴趣和特长，是校园文化建设服务学生素质发展的主要方式。

2. 加强学生社团建设，为大学生能力锻炼创造环境

学生社团是大学生接触社会、提高某一方面特长的重要组织，在学生成长中具有独特的地位和作用。按照"扶植重点、鼓励一般、限制个别"的思路，学校要重点扶植演讲、书画、文学、艺术、英语等知识、科技、智能、艺术型社团，对它们加大投入，创造这些社团与校外交流的机会。

3. 建立有效的激励机制，引导大学生多方面发展

围绕学生素质发展的不同方向分别制定奖励办法，对校园文化、科技各类活动中表现突出或组织工作优秀的学生给予表彰。

（二）加强大学生德育工作，提高大学生思想道德素质

提高学生的政治思想素质与道德素质，是校园文化建设的又一项重要任务。

1. 用马列主义构筑青年一代的强大精神支柱

马克思列宁主义是指导我国改革开放和现代化建设强大的思想武器，青年学生只有学好马列主义，正确认识社会发展规律，树立正确的世界观、人生观、价值观，才能肩负起时代赋予的重大历史使命。

2. 抓住焦点问题

抓住焦点问题，采取多种形式，帮助青年学生树立科学的世界观、人生观和价值观。

3. 充分发挥大学生社会实践作用

引导学生在识国情、献爱心、做贡献中增强社会责任感和历史使命感。社会实践是促进大学生政治上、业务上成熟与发展的重要途径。为进一步深化社会实践活动，学校要引导大学生在社会大课堂中做贡献、长才干、受教育，提高思想水平和认识能力，一是努力争取将社会实践明确纳入办学指导思想和工作计划，确定其合理的地位；二是加强对社会实践规律的研究，注意将社会实践活动与青年志愿者行动、社会援助行动统一起来，引导学生增强历史使命感和时代责任感；三是加强社会实践基地建设，努力实现社会实践活动的正规化和经常化。

（三）把握时代方向，贯穿"竞争"主线，强化现代意识

未来社会对人才的要求不仅要有较强的政治思想素质、现代科学文化知识和实际动手能力，还必须具备现代意识，其中竞争意识居首位，其次还包括法制意识、效率意识等。

1. 引入竞争机制，学生干部择优上岗

随着经济社会的发展，竞争机制渗透到社会生活的各个层面。校园浓厚的竞争氛围对学生步入社会、适应大环境、增强主动参与意识和心理承受能力，必将产生积极的影响。

2. 培训现代专项知识和技能，适应瞬息万变的社会发展

对外交流的日益频繁、社会的信息化，使以外语和计算机为代表的现代专项知识与技能成为未来人才素质构成的必备条件。因此，积极开展以外语和微机为代表的现代专项知识和技能的培训班、讲座，对学生掌握这些知识和技能必将产生积极的促进作用。

3. 面向未来社会迅速发展的要求，强化现代意识

竞争、创新、效率、民主等现代意识是未来高级人才必备的心理素质。因此在校园文化活动中，注重形式与内容的精心设计及安排，强化现代意识的渗透，会对学生产生潜移默化的影响。

二、大学生创新创业教育品牌活动的实践与长效机制

大学素质教育品牌活动是在学校的统一领导下，以特定的团队为组织基础，以提升大学生综合素质为目标的，有一定代表性和影响力的活动形式。

近年来，学术界在大学素质教育理论研究层面取得了丰硕的成果，而且不少著作、论文包括先进的教育理念和新颖的育人观点。相比之下，学者们在大学素质教育实践层面开展的具有实效性、指导性意义的研究却略显不足。优秀品牌活动是大学素质教育重要的实践载体。因此，总结大学素质教育品牌活动顺利开展的长效机制，既是丰富大学素质教育实践性研究成果的必然选择，也是进一步指导实践的内在要求。

（一）素质与素质教育的基本维度

实践育人是实施素质教育的重要手段，而从"实践"指向"人的行为"的本质属性来看，

实践育人工作的开展必然离不开系列活动的支持，尤其是优秀品牌活动的支持。因此，优秀品牌活动应是大学素质教育重要的实践载体，它承载大学素质教育使命的活动形式，是连结大学素质教育与实践育人工作的桥梁，还是提升大学生知识和能力水平、提高人格修养的有效途径。

（二）大学素质教育品牌活动的内涵

大学素质教育品牌活动是在学校的统一领导下，以特定的团队为组织基础，以提升大学生综合素质为目标的有一定代表性和影响力的活动形式。具体来说，大学生素质教育品牌活动包括以下三个层面的内容：

（1）从属性角度讲，创新创业"品牌"必须具有引领作用，有一定代表性和影响力的活动。这要求品牌活动需要在实现自我发展的基础上，引领他人的发展，甚至对某一领域、某一层次上的群体发展具有影响力，能起到推动作用。

（2）从"素质教育"的目标角度讲，大学创新创业教育品牌活动必须以育人为第一要务，应具有育人实效的活动。这要求创新创业品牌活动对大学生知识、能力水平和品格修养等方面具有良好的育人效果。

（3）从"活动"发展底蕴的角度讲，大学创新创业教育品牌活动必须有坚实的文化根基和稳固的文化底蕴。因此，大学创新创业教育品牌活动具有的育人功能，其本质并不在于活动本身，而在于活动本身所蕴含的文化内涵。

（三）大学创新创业教育品牌活动的长效机制

大学创新创业教育品牌活动的创建与实践过程不是一个短期的任务，而需要一个长效的机制。

1. 坚持先进文化引领，形成大学创新创业教育品牌活动的柔性机制

大学创新创业教育品牌活动不应为了活动而活动，而是要将创新创业活动赋予育人

的价值与使命。高校要使每一项活动的开展都体现大学的文化精神、品味格调，自觉地在正确的价值与文化理念引领下，采用科学的态度、哲学的思维、人性化的情感动机来保障大学素质教育品牌活动的有效开展。

2. 实现品牌化管理，完善大学创新创业教育品牌活动的刚性机制

大学素质教育品牌活动的创建与实践过程不仅需要文化的引领，而且需要不断加强和完善活动品牌化体系管理体制。

3. 组织启动机制

素质教育是大学育人体系的重要环节，多方协同配合是素质教育活动顺利开展的重要保障。

4. 人文社科组织衔接机制

学校将基地与学生处作为基础性平台。因为只有将大学素质教育与学生部相衔接，才能切实保障大学素质教育品牌活动开展的有效性。

5. 大学创新创业教育品牌活动的评估奖励机制

建立不断完善的大学素质教育中心活动评估奖励机制是素质教育品牌活动持续推进、顺利展开的关键环节和重要步骤。

第二章　高校创新创业教育模式研究

第一节　基于实践导向的高校创新创业教育模式

我国高等院校高校创新创业教育存在着一系列突出的问题，尤其是忽视实践环节，造成重理论轻实践、实践环节形式化、理论教学和实践环节脱节等现象的出现，严重制约了大学生的个性发展和创新创业能力的提高。有鉴于此，本章首先阐述了高校创新创业教育中的实践缺失，其次提出了基于要素体系重构高校创新创业模式，最后探讨了校企合作视域下高校创新创业教育模式。

一、高校创新创业教育中的实践缺失

目前，我国高等院校创新创业教育存在理论与实践脱节、实践平台短缺等问题，而这恰恰是几乎高校创新创业教育不可回避的关键问题。

（一）高等院校创新创业教育与学校的人才培养体系未能保持高度一致性

目前，我国高等院校创新创业教育仍然以操作、技能方面的相关活动居多，且多数在课外进行，没有将创新创业教育列入学校整体发展规划中，没有真正融入学校的人才培养体系中。因此，高校应将创新创业教育作为学校深化改革的着力点，并将其纳入人才培养全过程。

（二）高等院校创新创业课程体系需进一步完善

首先，长时间以来，高等院校创新创业教育一直被置于"边缘化"的位置，其课程开设是零星的、不成体系的，课时较少，教学效果未能达到预期目标。其次，没有清楚地认识到创新创业教育与专业教育两者之间的耦合性，未能将创新创业教育内容有效地融入专业教学中，造成学生无法将其所学创新创业知识运用于现实创业实践中来。最后，创新创业课程的开展存在时间上与空间上的限制性。传统的学分制与授课方式使学生陷入两难境地。从事创业实践的学生尤其是项目负责人，普遍将主要精力用于创新创业项目实践，而无法分身进行课程学习。

（三）高等院校创新创业教育实践环节的缺失

高校创新创业教育的最高级形式是创业实践，创业实践是提升大学生综合能力的最有效路径。但是，目前我国高等院校普遍存在创业实践的资金投入力度有待加大、实践基地有待完善、校企合作效果不佳等问题，使得本就少得可怜的创新创业实践活动流于形式。

（四）高等院校创新创业教育忽视了为学生提供相关服务

一方面，高等院校中拥有创业经历的教师和"双师型"教师数量不足。教师自身实践技能缺失，导致无力开展相关课程的教学，不能有效地帮助学生提高实践能力和进行创新创业。另一方面，高等院校比较重视学生的创新创业教育，而对刚踏入社会的毕业生关心不够，后续服务跟不上。

二、基于实践导向的高校创新创业教育模式的优化路径

（一）加强创新创业顶层设计，强调实践育人思维

加强高等院校创新创业教育顶层设计，首先，满足学校深化改革、实现内涵式发展的需要，保持与学校人才培养目标和方案的一致性。其次，坚持以综合性、全局性为核心，在加强特色学科与专业建设的基础上，构建具有本校特色的创新创业教育模式。再次，凸显实践育人的能力，时刻关注政府、企业、社会以及学生的发展需求，并据此不断调整创新创业教育模式。最后，形成上至管理者下至一线教师、学生都重视创新创业教育的良好局面。

（二）优化创新创业课程体系，突出实践育人内容

1. 改良创新创业具体课程结构，探索分阶段实训教学

第一，创新创业课程结构的改良应满足创新创业教育开展的目的，即提升学生的创新意识、创业素质、创业实操能力及增加创业知识等，并据此开设相关课程，促进理论课程与实践课程的统筹协调。创新意识类课程开设的目的是激发学生的创意，培养学生收集信息与判断商机的能力，如创新意识与创新思维、大学生职业生涯规划等课程；创业素质类课程开设的目的是让学生掌握将一个个创意发展为创业行动的方法，如市场调研、典型案例分析等课程；创业实操能力类课程开设的目的是使学生在专业实践中体验创新创业活动，如模拟创业、创新创业项目等课程；创业知识类课程开设的目的是教授学生在现实创业实践中所需具备的知识，如企业融资、市场营销、公共关系等课程。以上四类课程构成了创新创业课程体系。

第二，高等院校应将创新创业课程贯穿人才培养的每一个环节。具体来说，创新意

识类与创业知识类课程可以设置在大一、大二，这样能够有效解决此阶段学生缺乏创新意识与创业精神的问题，引导他们根据自身专业背景、兴趣爱好制订职业生涯规划，树立切合个人发展的职业目标；创业素质类与创业实操能力类课程可以设置在大三、大四，让学生在前两年专业学习与创新创业能力培养的基础后，找到正确的创业方向，有针对性地开展创新创业实践活动，进而可以深入分析现实创业中可能遇到的复杂问题。

促进创新创业课程与专业课程有机融合，实现两种课程的无缝对接的作用非常大。一方面，将专业教育内容引入创新创业课程教学之中。创新创业课程应具备专业属性，紧扣专业特点，为不同学科与专业背景的学生提供更具针对性的创新创业教育，以满足市场对人才在能力、素质、知识与技能等方面的要求。另一方面，将创新创业教育内容纳入专业课程体系。一是将专业课程教学作为人才培养最重要的环节，应以创新创业教育为切入点，不断深化课程改革，构建"创新创业＋专业"的新型课程体系。二是以特色专业为基础，在彰显专业特色的同时，适时融入创新创业教育内容，打造属于各高等院校的创新创业教育特色。三是在对专业课程教材进行改编或者教师在对教材内容进行二次加工的时候，可以适当加入一些创新创业教育内容，使学生能够依托专业背景获得与之相关的创新创业能力。

3. 采取"必修课＋选修课"相结合的模式，引入在线创新创业课程

首先，拓展课程资源，构建"必修课＋选修课"模式。高等院校应坚持"广谱式"理念，面向全体学生开设创新创业课程。同时，根据学生的专业背景、所就读年级差别开设多种课程，以供学生选修。其次，当创新创业教育遇上"互联网＋"，便衍生出一大批包括慕课、微课、翻转课堂、网络公开课等在内的在线数字化创新创业课程，建构起以学生为中心的课程教授模式。这就要求学生主动进行课程预习，教师引领学生课上进行讨论，学生课后完成任务以巩固学习成果，从而使其创新创业能力切实从课程教学中培养起来。最后，探索多学科交叉、跨学科选课，扩大学生的知识面。

4.优化创新创业课程运行方式，提高课程开展的灵活性

首先，采用参与式教学、探究式教学、典型案例专题讨论等课程开展形式，突出学生的主体地位，吸引学生积极主动地参与到课程中来，解决大班教学学生参与度低的问题，提升学生的思辨、自我认知与批判的能力。其次，采用完全学分制，探索将学生进行创新创业活动的情况按一定比例折算为学分的方法，即经过"学生申请—任课教师批准—学生公开答辩—学生成绩合格"这一程序后，学生能够在免修该课程的前提下获得相应学分。最后，采用弹性学制，使学生根据创业的实际进展，分阶段完成学业，甚至可以给予项目负责人休学保留学籍的特殊"待遇"，延长其修业年限让他们安心地投入创业实践中。

（三）构建创新创业"生态圈"，丰富实践育人方式

为了能够将各要素整合运用、促进实现创新创业价值的最大化，高等院校应探索"多位一体"的创新创业"生态圈"，以发挥多元育人方式的集约效应。

一是拓宽实践平台，促进创新创业项目"落地开花"。高等院校应借助政策优势，加大投入力度，建设创业基地，搭建众创空间，统筹政府、社会等多方力量，为大学生参与创新创业实践拓展空间。

二是开发校友资源，发挥校友的示范引领作用。高等院校应建立与完善校友会，定期组织校友之间以及校友与在校生之间的交流活动，这样在增进彼此感情的同时，能帮助在校生解决有关创新创业的问题；邀请校友回校，使其将自己的创新创业成果与经验分享给在校生，为在校生创新创业活动的开展注入"强心剂"；发挥校友的榜样力量，邀请他们来校担任兼职就业导师。

三是深化校企互动，引入社会第三方合作。一方面，高等院校可以加强与企业的深度合作，发挥成功企业家的榜样作用，邀请他们担任创业导师或兼职教师，为学生带来真实的创业经历与经验分享；发挥科研优势，引企业入校，校企合作共建科研机构，从

而为学生带来更多的实践机会；拓展合作渠道，将教学场域拓展到企业。另一方面，高等院校可以加强与社会第三方的合作，如社会组织，为学生创新创业项目提供资金支持、项目评价等。

四是丰富社团活动，发挥创新创业大赛的培育作用。一方面，高等院校积极支持建立高校创新创业社团，并加强对其管理，使其能够规范、健康地运作。另一方面，高等院校积极组织学生参加各类创新创业大赛，培养学生利用专业知识解决实际问题的能力，提高学生的创新创业能力。

（四）完善创新创业"一站式"服务，强化实践育人作用

第一，高等院校应加强专兼职教师队伍建设，促进教师理论水平与实践能力的同步提升。例如，聘请创业成功人士或校友来校担任专兼职教师，并承担起为在职教师提供相关培训的工作；搭建学习交流平台，让在职教师有更多的机会去企业挂职，从而能够更好地开展创新创业课程教学；将创新创业教育开展情况纳入教师考评。

第二，高等院校应为学生提供"一站式"创新创业服务，保障学生创新创业活动的顺利开展。例如，完善高校创新创业指导中心的职能，使学生在创新创业过程中遇到问题时知道该去哪里寻求帮助；完善信息服务体系，使学生能够及时获取外界信息，实现内外联动，强化实践育人；完善对刚毕业大学生创业实践的跟踪服务，为他们提供及时的帮助，引导他们度过创业初期的难关。

实践活动与高校创新创业教育之间存在一定的内在耦合性。实践活动不仅丰富了学生的课外生活，使创新创业的"种子"在实践的"沃土"中生根发芽，而且使学生提升了自身的创新创业能力，为其今后的职业生涯发展奠定了良好的基础。

第二节 基于要素体系重构高校创新创业教育模式

高校创新创业教育要素体系包括核心要素、基础要素和制约要素，这些要素有机统一于该教育的全过程。从这一角度出发，本节提出应厘清教育者与受教育者的关系，突出学生主体地位；厘清教育目的与教育内容的关系，丰富教育内容与手段；厘清教育情境与教育资源的关系，统筹管理教育资源；厘清教育评价与教育反馈的关系，完善教育评价体系，以此重构高校创新创业教育模式，为社会发展培养更多的应用型人才。

一、厘清教育者与受教育者的关系，突出学生主体地位

高校创新创业教育过程中的核心要素是教育者与受教育者，两者有一个共同的属性，即"人"。在高校创新创业教育中，学生的主体性具体体现为学生的自我教育能力与个体的社会化。这就要求高校厘清教育者与受教育者的关系，突出学生主体地位，具体来说要做好以下三个方面的工作：

（一）厘清教育者与受教育者的关系，平衡两大主体的关系

传统的教育模式已经无法适应现代人才培养的需要，平衡好基础要素中教育者、受教育者两者之间的关系尤为关键。

第一，降低学生对教师的依赖性。创新创业注重过程，教师要培养学生积极的创新创业自主意识，使其明确创业动机、过程以及目标，鼓励学生更多地参与进去，逐渐脱离教师的帮助，对创业形势进行独立思考，将所学的知识灵活地运用到实际创新创业中。第二，消除师生之间的制约性。目前创新创业教育存在诸多问题，如学生基础薄弱、高水平创新创业师资力量普遍缺乏等。因此，在创新创业教育过程中，教师要针对学生基

础薄弱的问题，做到循序渐进、因材施教；同时，学生学习不能局限于教师上课内容，要充分利用课外时间，拓展课外学习内容，注重实习实践。第三，在创新创业教育中实现"授人以渔"，而不是"授人以鱼"。大学生对创新创业的认识不深，且难以把握时代发展契机、了解市场需求。作为引导者的教师，应该在平时的教学过程中注重结合时代发展需求，帮助学生树立创新创业思维，完善创新创业教育知识体系，做到"授人以渔"。

（二）注重学生的未来发展，突出学生的主体地位

第一，注重学生的未来发展。创新创业教育应做在当下，谋在未来。教师不仅要帮助学生明确创新创业的方向，树立正确的创新创业观念，还要培养学生的创新创业素养与能力，为学生未来的发展奠定坚实的基础。第二，突出学生的主体地位。教师要改变以往对创新创业教育的认知和观念，树立以学生为中心的思想，改变以知识灌输为主的课堂教学方式，充分发挥学生的主观能动性，给学生足够的话语权，构建有利于学生进行创业交流、创业评价、创业信息反馈的课堂教学模式。

（三）着眼学生的个性发展，面向全体学生开展广谱教育

第一，关注学生个体的差异性。大学生的兴趣爱好、特点优势、学习能力等都不相同，教师应注重学生的个体差异，根据学生的学习需求为其提供不同层次的帮助，构建低等、中等、高等难度的创新创业知识体系，照顾到每一个层次知识的学生，让每一名学生都有效地掌握创新创业知识，形成创业技能和创业发展能力。同时，教师应该充分尊重每名学生关于创新创业的想法，并且帮助他们树立创新创业自信心，做好创新创业的合理规划，帮助每名学生的创新创业梦想都成真。第二，针对全体大学生，积极开展广谱教育。广谱教育是一种面向全体学生的，结合其专业所进行的创新创业教育。广谱教育更具综合性，强调在专业教育的基础上提升学生的创新思维、创业能力。

二、厘清教育目的与教育内容的关系，丰富教育内容与手段

（一）基于素质教育背景，实现创新创业教育与通识教育的完美对接

创新创业教育要素体系强调以素质教育为前提，使创新创业教育与通识教育对接。高校不仅要开设基础性的通识课程，也要开设目标明确的创新创业课程，促进创新创业教育与通识教育的融合，为大学生专业发展提供多样化的交叉课程。另外，高校在创新创业教育课程中要注重将核心要素、基础要素、制约因素明确区分开来，加强核心要素和基础要素的构建，消除素质教育中的制约性因素；要充分利用优质教育资源，针对学生在每一创业阶段所需要的品质，将通识课程中相应的理论知识融入教学内容。

（二）基于学生专业发展，实现创新创业教育与专业教育的有机融合

高校应立足学生的专业发展，将创新创业教育纳入专业人才培养体系中，贯穿人才培养的全过程，激发学生创新创业精神，提升人才培养质量。创新创业教育不能孤立地进行，而应该依赖于专业教育。高校在对学生进行专业知识、专业技能及职业素质培养的同时，适时融入创新创业教育，以人为本，因材施教，培养创新创业型人才。

（三）基于价值观培育，实现思想政治教育与创新创业教育的协同发展

思想政治教育引导大学生树立正确的价值观念，形成科学的思维方式，完善道德素质和人格品质，与创新创业教育在提升大学生的综合素质与核心能力构建上互为补充。思想政治教育为创新创业教育提供价值观引领，创新创业教育为思想政治教育拓宽学习领域，高校应努力促进思想政治教育与创新创业教育的协同发展。在理念上，强化大学生思想品德教育，完善人格，健全心智，同时培养学生的创新创业精神，激发学生的创新创业热情。在内容上，将思想政治教育融入创新创业教育的内容，在思想政治教材内

容中填充、挖掘创新创业教育的内容，并做好相关的更新、拓展工作。

三、厘清教育情境与教育资源的关系，统筹管理教育资源

创新创业教育要素体系建设应该重构富有情景化的教学模式，不仅使教育内部各个要素之间可以实现和谐发展，而且能够链接并合理充分地利用其他教育资源，最终形成一个内外融合、包容并蓄的创新创业教育生态体系。

（一）链接全球资源，构建教育生态圈

第一，在全球经济发展的大背景下，高校创新创业教育应该重视国外教育资源的引入，构建全球性的创新创业教育生态圈。具体来讲，高校应加大对学生创新创业实践能力的培养力度，用国际化视角为学生搭建各种创新创业的平台，可以积极引进国外创新创业项目经验和科研成果，指导高校创新创业项目的开展。第二，在国内创新创业蓬勃发展的环境下，高校创新创业教育应该重视国内教育资源的融合，构建全国性的创新创业教育生态圈。例如，高校可以制订"创新创业教育改革行动计划"，实施"万门课程建设""双导师"制度及"高水平互动式—小班化"等课堂教学模式改革，打造高水平的创新创业教育平台。

（二）整合区域优势，实现教育精准化

目前高校创新创业教育比较碎片化，教育定位还不够精准，学校应该在实施创新创业教育过程中注重结合当地教育区域资源的优势，融合有利元素，打造具有地方特色的教学模式。一方面，整合区域创新创业教育资源优势，瞄准地域发展方向，精准为区域经济发展源源不断地输入创新创业型人才。在创新创业的形态布局上，高校应整合区域优势资源，构建一个集组织形态、教学形态、制度形态、空间布局形态等为一体的文化形态区域圈，营造良好的创新创业教育氛围，将创新创业教育文化多方面融入人才培养

全过程。另一方面，通过多种途径收集区域内的创新创业信息，并适时融入创新创业教育课程，使学生所学知识能对接市场需求，为学生的创新创业发展奠定基础，同时使学生明确自身的创业方向，借助各种区域平台优势，进行有针对性的实践锻炼，得到真实的创新创业体验。

（三）利用校友资源，共筑成长共同体

第一，充分利用校友资源，邀请往届创业成功的校友返回学校开设创新创业讲座，为大学生提供创业市场的时讯，并且给予指导；第二，聘请从本校走出去的创业成功人士回到校园内教授创新创业实践课程，指导大学生学习相关知识，参与集体讨论，交流心得体会，提升并解决其创新创业实际问题的能力；第三，依托校友，引入地方创业的优秀成功的企业家，邀请其参与高校开展创新创业课程以外的校内活动，或者参与到学生的实践项目中。

四、厘清教育评价与教育反馈的关系，完善教育评价体系

（一）建立过程评价和结果反馈相结合的教育评价体系

创新创业教育极具灵活性，教师难以准确掌握学生在各个环节中的表现，因此，在创新创业教育要素体系重构中要注重构建多种评价模式并行的教育评价体系。

第一，建构阶段性的评价模式，针对高校创新创业中的各个要素体系进行评价，将评价策略重构为过程与结果相结合的创新创业教育评价模式。第二，建构内外结合的评价模式。一般来说，创新创业教育评价具有两个核心环节：一是对教师创新创业教学工作的评价，包括对课堂内外的教学设计、组织、实施等活动因素的评价；二是对学生的学习效果进行评价。在创新创业过程中，高校应将评价身份由"主体—客体"转化为"双向性的主客体"，变被动为主动，变片面为全面。第三，创建多元立体的评价体系。将

高校创新创业思想创设、能力培养、个性发展等方面的表现，全面及时、精准有效地实施教育评价。

（二）建立自我评价和外部反馈相结合的教育评价体系

高校应在充分考虑各相关者利益的基础上，完善创新创业教育评价体系，构建集自我评价、师生互评、家长评价、社会介入评价、现代信息技术平台辅助评价等为一体的评价体系，实现教育评价过程细节化。

第一，在实施创新创业教育评价时，高校应根据大学生的创新创业能力高低来进行评价，如按照学生对创新创业知识的熟识程度，将与之相对应的创新创业能力划分为"了解、理解、掌握、应用"等不同层次。第二，学校应以评价促进创新创业课堂改革。在评价主体、评价方式、评价内容多元化的基础上，学校应从教师评价、学生自评、学生互评、当堂测验、评价效果五个方面对课堂教学效果进行评价，并以此为依据不断进行创新创业课堂改革，提高创新创业课堂教学评价的效果。第三，注重外部反馈评价。教师应重视外部反馈评价，梳理信息，总结问题和经验，为提升创新创业教育的实效性提供指导。

第三节　校企合作视域下高校创新创业教育模式

随着经济的发展，越来越多的大学生改变了传统的就业观念，加入了创业的行列，但是一些大学生的创业理论较为欠缺，很难满足实际操作的需要。因此，为了解决这一问题，很多学校通过与企业合作的形式来对大学生进行创新创业的指导，以提升大学生的创新意识和创业实践的能力。

近年来，随着就业压力的增长，大学生求职的竞争越来越激烈，导致很多大学生毕业后都选择了自主创业。为了帮助学生树立正确的创业观，很多学校都开设了就业指导课程，通过案例分析对学生进行引导。与此同时，学校还与一些企业进行深度合作，联合创办一些创新创业基地，以便更好地将理论与实际相结合，为学生提供资金和技术上的支持，帮助大学生完成角色转变，加强大学生的创新意识，鼓励大学生进行创新创业，提高大学生创业成功的概率。

一、校企合作视域下创新创业教育的必要性

一是实现人才培养的目标。教育的目的就在于人才的培养，通过人才的培养以推动技术的发展创新，从而推动我国科技的发展，建设创新型国家。近年来，国家提出了以创业带动就业的发展理念，因此，高校需要通过创新创业教育的引导，将一些劳动者变成创业者，对传统的教学模式进行创新，必须面向应用、市场、社会，积极与企业合作，形成"一站式"的人才培养模式。校企合作下的创新创业教育，能够使学生认识到创业的重要性，激发大学生创业的积极性，促进大学生的全面发展。

二是提高教师队伍的水平。针对高校教师的创新创业教育水平较低的情况，学校通过与企业进行互动合作能够有效解决这个问题，在合作的过程中，企业不仅可以对大学生进行指导和培养，对任课教师也可以进行培训，由此建立可持续发展的培养机制。与企业进行深化合作，除了可以对教师进行培训，还可以聘请企业中的一些专家担任学校的兼职教师，这极大地提升了教学的专业性与时效性，保证了创新创业教育的质量。

三是激发大学生创业的兴趣。近年来，国家对大学生创业越来越重视，出台了很多政策，以鼓励大学生进行创业。但由于受到一些传统观念的影响，大学生创业的意识还是比较薄弱的，并没有形成创业的风气，自主创业并不在大学生的职业规划中。因此，需要在校园中形成良好的创业风气及文化，使得大学生在潜移默化中产生创新创业的意识，要充分调动大学生创业的积极性。学校可以通过与企业合作，开展一些讲座或培训活动，举办创业大赛，将企业作为学生创业的一个实践演练场所，改变大学生的择业观念，从而使大学生将创业作为职业规划中一个重要的方向，发挥大学生的主体作用，从根本

上解决大学生创业比例低的问题。

二、大学创新创业教育中存在的问题

一是教师团队力量相对薄弱。任何学科和教育的开展，都离不开优秀的教师团队，教师团队的水平在一定程度上会保证课程的质量。但是，当前高校中创新创业课程的授课教师，很多是由辅导员或一些二级学院的教师来担任的，而这些教师多没有创业经历，普遍缺乏创业教育的理论知识及实践经验，创新意识和创新能力都欠缺。在授课的过程中，基本以单一乏味的照本宣科为主，很难为大学生提供具有建设性的创业建议，更无法对大学生的创业活动进行指导。所以，这种师资现状难以满足大学创新创业教育的要求。

二是高校创新创业意识薄弱。创新创业意识的建立，是大学生进行创业的前提和基础。创新创业意识的培养也是当前高校创新创业教育的目标。由于大学的创新创业教育还停留在理论层面，使得大学生创业意识薄弱，缺乏创新意识以及创业能力。与此同时，很多家长以及老师都有"学而优则仕"的观念，他们不看好大学生自主创业的前景，学生自主创业的社会认可度较低。他们认为大学生毕业就应该进入企业工作，否则就无法实现其社会价值。一些大学生即使具备创业的能力和技术，并且所选项目呈现了非常好的发展前景，但依然得不到父母的支持。除此之外，很多大学生自身也存在一些问题，在大学生群体中存在着"能进入企业就不创业"的观念，他们认为只有在走投无路的情况下才会选择自主创业。他们在对未来发展进行规划时，并没有把创业作为目标，觉得创业很辛苦，很难成功。他们对于创业的各方面了解也比较少，对自主创业的兴趣也不大。因此，造成了当前大学生创业的意识和能力都比较薄弱，他们很少会主动选择创业。

三是创新创业课程设置不合理。大学创新创业教育的课程设置是一个很重要的环节。科学合理的课程设计能够显著提高课程的质量，有利于学生创新创业意识和能力的培养。但在当前的发展模式下，很多学校的课程设置都是相同的内容，都是面向所有专业的，并不能满足学生个性化发展的需要。因此，高校在开展创新创业教育时应注意与专业相结合，提供具有针对性的、个性化的指导，积极开展一些实践活动，在实践中加深大学生对创业的理解，使大学生对自主创业产生兴趣。

三、校企合作视域下高校创新创业教育模式的构建

高校是培养人才的场所，而企业也要发挥自己在应用型人才培养中的重要作用，充分整合优化自身的资源，与学校的优势相结合，为大学生培养创新意识及创业能力打造一个更加完善的平台。校企合作开展创新创业教育可以从以下几个方面出发：

一是建设实训基地。为了更好地开展创新创业的教育，高校应与企业合作，建设创新创业实训基地。虽然很多大学生都有创业的想法，但是因为对创业的流程并不是很了解，面对项目的选择、资金的筹备、场所的租赁等环节无从下手。因此，高校与企业合作建设创新创业实训基地具有十分重要的意义，高校为实训基地的发展提供人才和技术上的支持，而企业则需发挥其在经济上的优势。通过两者的合作，可以为大学生创业提供指导。实训基地还可以为大学生提供实训的机会，使学生得到企业专家的指导，可以有效解决传统创业教育中教师创业经验过少的问题。除此之外，企业还可以与高校开展一些创业项目，让大学生参与进来，在实践中积累经验，激发其创业灵感。

二是企业参与开发课程。为了更好地开展高校创新创业的教育工作，高校应该加大与企业的合作力度，尽可能与企业的优势相结合。传统的创业教育的课程设计中，存在很多不合理的地方，单调乏味的案例分析，枯燥的创业流程，都会降低大学生的创业兴趣。因此，高校应让企业参与创业课程的开发工作，提升创业教育课程的实用性，结合不同专业的特点，设计个性化的创新创业教育课程，通过高校教师与企业专家的交流与探讨，将彼此优势进行融合，优化教学方法和教学模式。另外，企业还可以开发一些网课软件，提高大学生自主学习的积极性，通过网络平台来提升其创业能力，使大学生对创业的各个阶段都有一个全新的理解，逐渐消除大学生对创业的恐惧，使其熟悉创业、爱上创业，

并为其未来的创业活动打下坚实的基础。

三是搭建孵化平台。在合作过程中，高校与企业还需要与时俱进，为大学生提供更多的创业平台。实现创业教育模式建设的最终目标就是孵化平台的搭建。在高校中有很多管理能力和创新能力都很出色的大学生，苦于没有平台施展自己的抱负。高校通过与企业的合作，就能够解决这个问题。孵化平台的作用就是对创业项目提供孵化服务，通过企业来为大学生创业提供资金上的帮助，主要形式有项目合作、资金注入等。在企业为大学生提供帮助的同时，高校也会对学生创业提供技术上的扶持，这种"双管齐下"的发展模式可以极大地提高大学生创业的成功率。因此，孵化平台在大学生创业过程中发挥着不可替代的作用。

高校与企业进行合作，通过创新创业教育的开展，大力培养创新型人才，是一种以市场和社会需求为导向的发展模式。充分结合高校和企业的资源优势，帮助大学生提高创新创业的能力，为大学生创业提供良好的环境。与此同时，国家要大力支持大学生自主创业，通过一些优惠政策的推行，鼓励大学生进行创业。

第四节　"双创"背景下高校创新创业教育模式

在大学生的创新创业教育中，需要国家和社会各界的共同努力，其中国家要提供一些必要的政策来扶持大学生创新创业，社会各界需要密切关注学生的创新创业教育，给大学生创造更好的社会环境，学生自身也需要提高个人的素质水平，共同推动创新创业教育的发展。本节分析在"双创"背景下对大学生进行创新创业教育的必要性，并且结合了高校创新创业教育中存在的一些问题提出了应对策略。

在新的背景下，创新和创业应该成为我国的发展理念当中的关键词，创新和创业教育模式的开展不仅仅是为了给国家创造创新型人才，更是为了推动社会和国家综合实力的提高。创新和创业的教育模式，能够为经济社会指出更加明确的发展方向，也能为高校的人才培养树立目标，使得各个高校将培养创新型的人才作为学校的核心任务。

一、"双创"背景下学校进行创新创业教育的必要性

一是"双创"教育模式是符合国家发展的需求的。自从创业和创新的理念发布以来，国家对"双创"型人才的培养就越来越重视。

二是有利于提高学校教学的质量。在经济发展越来越快的 21 世纪，很多学校都顺应时代开始扩招，但是其教育质量却没有从根本上有所提高。所以，各个高校应该在"双创"的背景下，重视创新和创业教育，注重培养有理想的、有胆识的、有知识的创新型人才。因此，各高校应当注重创新创业人才的培养，努力培养出一批有理想、有抱负、有胆识的创新型人才，这样不仅有利于学校教育制度的改革，提高学校的教育的质量，还能够减缓学生就业的压力。

三是利于提高个人的素质和能力。大学生毕业以后找不到合适的工作，这不仅仅和其专业知识不足有关，主要还是因为大学生其他素质也相对较差，如眼高于手，且对工作的理念出现问题，还有想要创业的学生往往是因为自身创业方面的知识不够所以导致失败。所以，学校重视创新和创业模式的教育，就能够在一定程度上提高学生在创新和创业方面的专业素养，让学生能够有自己的专业特色，提高学生在创造、沟通和思考、合作等方面的能力。

二、创新创业的教育模式中存在的问题

（一）学校的创新和创业教育比较重形式、轻视实践

一些学校的创新创业教育比较注重形式，而在真正实践教育中却有许多问题，主要

表现在下面几个方面：

一是"双创"工作流于表面。一些学校在开展工作的时候非常积极响应国家"双创"的要求，但是往往停留在表面工作，而真正能够将创新和创业的教育模式施行下去的比较少。

二是高校盲目的鼓励学生进行创业创新。在实际的教学工作当中，经常会有脱离了课堂和系统的学习和教育的方式，这样会在一定程度上增加学生成长过程中的不确定性，也会增加社会负担。

（二）创新创业教育模式的管理机制存在问题

部分学校的创新和创业的管理机制比较混乱，没有明确规定是什么部门管理，职责也不完善，导致工作不顺畅，各个部门仅仅是处理本部门的工作，不能够有效地将资源整合起来，使得"双创"教育模式不能够深入施行。

（三）创新和创业教育的师资问题明显

目前，我国的创新和创业的教育模式在实施的过程中，最突出的问题就是创业和创新方面的教师比较缺乏。在我国，一些高校的创新和创业方面的教师没有专业的创新和创业的相关知识，且很大一部分是先从其他专业转来，他们对创新和创业的知识也需要增加。

（四）大学生的创新和创业的环境需要改善

目前，大学生在创业和创新的过程中，创业和创新的环境存在问题，政府应出台更多鼓励和支持大学生创新和创业的政策，让真正有创新和创业思想的大学生得到帮助。

（五）学生自身对创业和创新的认识差

因为受到传统观念的影响，一些学生认为大学毕业以后就应该找一份稳定的工作，认识严重阻碍了创新和创业教育模式的开展。

三、在"双创"背景下，创新和创业教育模式发展的建议

一是转变就业观念，鼓励学生参与创新和创业。21世纪，不管是在社会上还是在学校里，都要重视创新和创业教育。创新和创业的教育模式，不仅能够提高学生的专业知识水平，还能够培养学生吃苦和冒险的精神，所以，学校和社会都要增强学生对创业和创新的认识。

二是全面提高大学生的综合素质与能力。大学生自己要有思想和觉悟，不要因为外界的因素就轻易地放弃创业和创新，要全面提高自己的综合能力，如沟通、冒险、独立的思考等，同时还要具备专业的技能等，这样才能够为以后的创业和创新打下基础。

三是完善创新创业教育模式的管理机制。"双创"的教育模式在学校的施行中，需要完善的管理机制，明确各个部门的职责，不仅要各司其职，还要加强沟通。定期整合教育的资源，定期讨论研究管理机制中存在的问题，不断地完善管理机制，完善的管理机制是创新创业的教育模式开展的关键所在。

四是强化师资的力量，提高教师的专业水平。教师的专业能力影响着学生的专业能力，所以，要想培养出创新和创业能力强的学生，就必须要提高教师的专业水平。学校可以聘请一些专业人才到校内进行授课，也可以定期进行创新和创业的知识讲座，这样不仅能提高教师对创新和创业的认识，还能够增强学生的认识。

五是政府和社会为学生创造良好的创新和创业的环境。政府应在政策上支持学生的创新和创业实践，可以为学生提供免息贷款，或者资金补助；社会应该多为学生提供实践岗位，在工作过程中引导学生知晓创业的风险，为学生进行创新和创业活动打下基础。

第三章 多元协同下高校创新创业教育机制

第一节 高校创新创业人才的多元协同培养机制

高校创新创业人才"多元协同"培养中主要包括了学校与学校外部的协同培养，也有学校内部的协同培养，是外部与内部协同培养的协调一致。本节通过对高校创新创业人才多元协同培养机制的基础理论、意义特点以及其中所存在的问题进行了深入的研究分析，并针对问题给出有效的解决措施。

高校要想培养出优秀的创新创业人才，就必须要结合时代发展的规律进行教育理念的创新，不断促进教育改革，优化培养模式。协同培养是以人才为主要核心，通过与其他高校、企业、政府等外部机构进行相互配合，实现多因素和多环节的协同配合，由此达到校内外的共同合作、协同培养，对教学资源进行有效的整合，形成具有开放性的教育体系。

一、"多元协同"的基础理论

创新创业人才的培养只有突破原有的教育理念，才能使教育的内容更加丰富，更具有创新性。学校仅凭单一的教育模式，则很难适应当前世界环境的发展变化。我国创新型国家的建设、创新性经济的发展，需要加强与各界的合作，突破地域的限制，在协作上实现更高层次的融合。

二、"多元协同"的概念与意义

（一）概念

多元协同教育理念的核心在于人才创新的培养，人才培养的质量是教育高效的关键因素。竞争力的形成与发展，关系到如何培养创新型的人才，我国的人力资源教育不仅仅需要理论研究的方向指导，更重要的是怎么样落实创新创业的教育理念。创新型人才的培养需要通过与协同机制相结合，为创新人才的培养提供有效的支撑与帮助。

（二）意义

创新创业教育是高校在社会竞争中立足的关键，同时也是我国创新型国家建设、创新型经济发展的核心。从理论层面来说，协同培养能够丰富创新创业人才的协同机制研究。主要在于传统的教育理念进行转变，使被动创业演变为主动创业，因此培养出具有创新创业知识技能的人才。从实践层面来说，对创新创业人才进行多元的协同培养，代表着高校的教育理念不再是传统的单一的教育模式，而是通过开放型的教育理念进行创业教育，突破学校与外部企业、政府等机构间的界限，实现资源共享、共同合作的教育方式。

三、高校创新创业人才多元协同培养机制的特点

（一）培养目标的一致性

创新人才协同培养的各个因素都具有关键性的作用。由于协同培养共同的教育目标，从而构建了一个教育体系，通过体系间每个因素的相互配合、相互协作，使每个因素都

能够发挥出自身的作用，从而达到多元协作的目标。协同培养需要每个因素之间相互联系，共同促进发展。在创新创业人才的培养上，学校要始终坚持一致的教育目标，汇聚培养合力。

（二）教育系统的开放性

创新创业人才的培养是一个多种因素共同发挥作用的过程，如像高校中各种资源、企业机构的各种平台、政府的政策等，这些因素本来是独立的、封闭地发挥自身作用。协同培养是需要各个领域之间摆脱封闭、独立的局面，以合作共赢为主要出发点，致力于消除隔阂，实现资源的高效共享，形成优势互补、共同发展的协同机制体系，从而达到经济效益最大化的目标，使各个因素都能够发挥出自身的作用。

（三）教育效果的叠加性

创新创业人才的培养需要多元领域的共同参与和协作。通过协同的机制作用，使政府的政策导向、高效的教育模式、企业的技术等各因素的作用得到发挥。使各个因素在原有的结构、功能以及方式上产生新的质变，提高资源的使用效率与效益，激发了每种要素的价值，在相互作用的同时产生效应，从而实现协同培养的目标。

四、高校创新创业人才多元协同培养机制中存在的问题

（一）教育体系还不够完善

当前，我国高校的创新创业人才培模式用开展创业课程等活动进行，还处于经验不足的探索阶段，没有建立完善的协同教育体系。在创新创业人才培养的基础上，如果只依靠高校进行教育，缺少企业组织的参与，就会使创新创业人才的发展呈现出单一化的现象。在高校培养创新创业人才的过程中，只有采用协同机制，加强各个主体间的相互

协作与沟通，才能够使资源达到有效共享，使协同教育的作用能够得到最大的发挥。

（二）创新创业教育体系没有健全

当前，我国的创新创业教育还处于探索的阶段，在高校中没有专门的学科教育，也没有可以授予学位的项目。纵观全局，创新创业教育体系正在尝试与正规的教育体系相结合，其主要表现在：其一，创新创业教育的目标还不明确，我国高校的创新创业教育对象一般为学生，并没有进行针对性的教育。对学生而言，没有明显的特征。使得创新创业教育在目标上不够清晰，没有层次的区分，不具有较强的针对性。其二，创新创业教育课程体系还未完善，一般都以选修课程的形式展现出来，虽然在一定程度上提高了创新创业的重要性，但是教育体系还有待进一步完善。其三，创新创业的教师队伍有待扩建。创新创业的教师队伍建设相对创业教育来说，起步较晚。除了重视对专职教师的培养，企业的领导者和优质的技术人员也是不能够忽视的教育力量。另外，高校与企业、政府以及其他机构的合作要更加重视，协同发展是当前教育中必不可少的因素。

（三）校内外资源没有整合

在知识经济不断发展的背景下，高校处于开放创新的情况当中，与社会各个领域的组织联系密切，高校的社会服务职能也受到重视。当前，协同创新已经被广泛使用，逐步替代了独立创新模式，成为创新理论的新趋势，资源整合方面得到了有效的共享。高校在教学、科研、人才培养等方面有着明显的优势。高校需要加强与其他主体间的协同合作，深入激发自身潜能，这是需要高校通过协同机制来进行的。只有有效整合校内外资源，才能够加强对创新创业人才的培养。

五、高校创新创业人才多元协同培养机制的创新

（一）建立完善的教育体系

高校应当注重对创新创业人才的培养，加强理论指导教育。其主要内容包括：其一，加强对师资队伍的建设，加大对教师的培训力度，指派专业的教师到企业培养其实践能力，从而提高教师的创新创业能力。其二，建立完善的课程教育体系。课堂是培养人才的重要途径。高校要对学生开展创新创业知识活动，提高学生的创新创业意识。对有创业想法的学生开展具有针对性的教育。同时，高校还要通过与创新机构进行有效合作来强化课程的教学内容。其三，改进创新教育的教学方式，要依照培养的要求制订教学计划，提高全体师生的创新创业知识水平，在专业课程体系中加入技术创新创业的内容。

（二）健全创新创业教育

创新创业人才培养是一个复杂的过程，需要多方面主体的参与，具有较强的开放性。高校应当顺应时代的发展，制订有效的培养方案，对教育体系进行及时调整。深入到行业、企业学校当中，进行深度访谈与调查，了解机构组织的需求，并将其引入创新创业教育当中。另外，学校还可以建议学生到企业中实习，使其更加近距离地掌握企业发展的需求。

（三）对校内外资源进行有效的整合

高校应当建立具有开放性的教育制度。加强与外部企业的联系，重点关注校内外的交流沟通，主动与外部机构进行协同教育，积极开拓教学空间，为创新创业教育创造优良的环境。另外，学校要设立创新创业学院，建立科学合理的教育管理体系，重构学院、学科、专业间的教学模式，使协同机制的创新创业体系得到完善。

创新是人类社会进步的核心动力和源泉，是一个国家、民族得以发展和进步的灵魂

所在。创新与创业有着紧密的联系，正是由于创业家将各种要素组织起来进行再生产，并创新性地改变组合方式，才推动了经济增长。

第二节 地方行业高校创新创业人才"多元协同"培养机制

伴随着国务院《关于深化高等学校创新创业教育改革的实施意见》的出台，高校在创新创业人才培养方面进行了一系列尝试，取得了一些成效，但仍然无法满足社会对创新创业人才的需求。创新创业人才培养是一项系统工程，须政府、高校、行业、企业等多方协同培养。在此背景下，高校应该做些什么？如何去做？这是高校面对时代要求必须回答的问题。

在服务行业发展过程中，地方行业特色高校在行业内积淀了良好的人脉和较高声誉，其贡献和价值不仅赢得了行业内企事业单位的赞许，也得到了社会的广泛认同，相比其他高校，在行业科技创新和人才培养方面，比较优势明显。因此，地方行业特色型高校在"产学研"协同育人方面，应基于行业科技创新前沿，持续为行业发展提供人才培养支撑。在实践中，由于我国高校创新创业教育起步较晚，在培养机制上，政府、高校、行业与企业等尚未形成合力，协同中存在较为严重的脱节现象。因此，如何有效整合各种资源，构建创新创业人才"多元协同"培养机制，成为当前地方行业特色高校创新创业人才培养亟待回答的问题。

一、创新创业人才培养过程中存在的问题

近年来，尽管政府相继出台了《关于大力推进"大众创业、万众创新"若干政策措施的意见》《关于深化高等学校创新创业教育改革的实施意见》等一系列政策，鼓励校企合作、产学融合提升高校创新创业能力，但受多种因素影响，实际执行过程中仍然存

在着校企"两张皮"问题，在培养机制上，政府、高校、行业与企业尚未形成合力，协同中存在较为严重的脱节现象。

（一）重视创新创业课程设置，忽视课程质量提升

虽然绝大多数高校开设了创新创业相关课程，但在培养过程中，学校依然片面强调记忆功能，流于知识的传授。存在重视教师"一言堂"传授，忽视师生互动创新；重视知识的传授和积累，忽视知识的创造与实践的现象。学生自主探索的能动性和创造力难以充分发挥，教学效果和质量难以保证。

（二）重视"政校行企"合作协议签订，忽视"多元协同"深度融合

目前，虽然很多高校与政府、行业、企业之间存在合作，但实际效果并不理想。具体表现在：有些只注重合作协议的签订，忽视协议的履行；有些虽有合作，但仅停留于学生参观、毕业实习等层面，合作的深度和广度差强人意。同时，"政校行企"之间"四元协同"参与度不高，校内外资源整合不够，亟须顶层设计和系统规划。

（三）重视单一导师制，忽视多导师协同培养

学生创新创业能力的培养，指导老师无疑是重要的外部因素之一。目前，虽然一些高校鼓励"双栖型"师资队伍建设，并尝试导师组集体培养模式改革，但在执行过程中，导师组形同虚设，其结果依然是单一导师制。单一导师制难以发挥学科交叉和孕育创新创业思维的作用，与创新创业人才培养的要求差距较大。

（四）创业实践资源平台建设滞后，创业孵化落地支撑乏力

受经费短缺困扰，我国许多地方高校长期以来对创业实践教学基地、创业类实践竞赛、大学生创业园等建设投入不足，致使创业实践资源平台建设滞后，其后果制约了学

生创业团队入驻地方创业孵化器等活动的开展，创业孵化落地支撑乏力。

二、地方行业高校创新创业人才"政校行企"协同培养优势

地方行业特色高校在长期服务行业发展过程中形成了鲜明的行业背景优势。目前，为满足创新创业人才培养的需求，理应将传统优势转化为"产学研"协同育人优势。其优势主要体现在以下两方面：

（一）行业内传统优势学科突出，为"政校行企"协同培养提供科技支撑

地方行业特色高校在其行业领域和某一特定层面具有综合性高校无法比拟的科技和人才资源优势，行业内高水平的专家学者及较强的科技创新实力，赢得了行业内企事业单位的赞许和社会的广泛认同。鲜明的行业特色背景和良好的声誉，使得地方行业特色高校相比其他高校，在"政校行企"协同育人方面比较优势明显。

（二）行业内校友资源丰富，为"政校行企"协同培养提供人脉支撑

在长期办学过程中，地方行业特色高校培养的各类人才广泛就职于行业内各个单位，其中部分校友已担任各单位的领导职务，他们了解行业发展状况，掌握更多社会资源和信息，成为学校与行业内各单位保持联系的纽带，同时也成为学校创新创业人才"政校行企"协同育人的重要人脉资源。这些都是其他综合性高校短期内难以企及的比较优势。

三、地方行业高校创新创业人才培养模式构建

为了提升大学生的创新创业能力，应充分发挥地方行业特色高校在创新创业人才"多元协同"育人方面的比较优势，构建多元协同的"1+2+3+4"培养模式。

（一）"1+2+3+4"培养模式的定义

"1+2+3+4"培养模式是指集"政校行企"多方资源，围绕一个培养目标（以培养创新创业人才为目标），体现两个能力层面（专业实践能力、创新创业能力），组建三个中心（教育中心、指导中心、孵化中心），实现"四元协同"（校、政、行、企），旨在激发学生创新思维，提高其创业能力的一种产学融合培养模式。通过引入校企、校行、校政融合机制，实现培养目标、培养方案、培养过程以及培养评价的全程渗透和多元协同，突出创新创业能力的培养特色。

（二）"1+2+3+4"培养模式的实施路径

"1+2+3+4"培养模式的特点是针对地方行业特色高校创新创业人才培养过程中存在的不足，引入"政校行企"协同机制，即通过政府、学校、行业、企业"四元协同"方式对培养模式的四大要素（即培养目标、培养方案、培养过程以及培养评价）进行全程渗透和融合，突出创新创业能力的培养特色。具体实施路径如下：

（1）开设校企双线交织的创新创业课程体系，解决知识结构老化问题。

创新创业人才培养是个系统工程，需要多方共同参与，具有较强的开放性。面对互联网、大数据、人工智能等信息技术发展，以及供给侧结构性改革等经济新常态，高校应主动适应社会发展变化需要，及时优化培养方案，调整课程体系。一是采用"请进来"和"走出去"的方式，一方面定期邀请行业专家为师生做本行业发展趋势报告，让师生了解专业发展的前沿动态。另一方面，深入行业、企业相关部门进行广泛调研、深度访谈，了解用人单位的最新需求，引入企业优质资源共建"创新创业导论""商业模式概论""项目管理""创业案例分析"等课程。将跨专业课程以"互联网＋专业"类课程的模式作为创新创业与专业结合的拓展方向嵌入课程体系，全面培养学生的专业基础与创新创业拓展能力。二是校企联合编写符合创新创业人才培养的校企一体化教材或产学结合实训指导书，部分实践类课程可直接安排学生到企业学习，有些课程可聘请政府、行业、企业人员做兼职教师，来校独立或与校内教师共同授课，深度参与教学过程。

（2）实施"合作导师"制，建立创客导师库，解决创新创业教育师资短缺问题。

师资队伍建设是实现人才培养目标的核心。"合作导师"制是集校内外多位导师为一体，满足创新创业人才培养对高水平、职业化、实践指导能力强的师资队伍的要求。一方面，学校可以选聘企业家、企业高管担任校外导师，形成"企业讲师团"，并通过建立"企业教师工作站"以及合作企业在学校设立办公室的形式，使得"企业讲师团"驻校从事相关培训、开设专题讲座成为常态。同时，企业和行业协会可定期或不定期在校园举办各种创新创业竞赛，为实践性教学注入新的活力。另一方面，学校可以安排学生到校企合作基地顶岗实习，由校内外导师联合指导，校内外导师定期开碰头会，共同研讨实训中遇到的各种问题，并结合实际情况动态调整实训计划。此外，学校还可通过政府部门和行业协会广纳人才，成立创客教育导师库，从国内外引入一批热爱创新创业，并乐于与学生分享创客经历的"超级创客"加入导师库成为兼职导师，兼职导师的授课方式不必拘泥于传统面对面的授课模式，可以考虑在线微课、直播等突破地域空间限制的丰富多样的创新性教学模式。

（3）注重校企文化融合，点燃大学生创新创业激情

校园文化以其独特的办学理念、地域文化、历史传统的积淀为特征，企业文化以其经营和服务理念、制度文化、创新精神、战略目标为特征。无论是校园文化还是企业文化，其"内核"和"灵魂"是精神文化，物质、行为、制度文化是"载体"和外在表现。两种文化的兼容，主要是将企业的文化精髓融入学校的办学理念和定位中，防止忽视开拓进取精神层面的融合而仅仅热衷于物质、制度、行为文化的对接。一方面，邀请企业家进校园以专题讲座和创新创业沙龙形式，向学生讲解校园文化如何与企业文化包括竞争意识、敬业精神、效率意识有机融合。通过校企文化融合，将企业家的创新创业精神和优秀企业的核心价值观渗透到学校的校风、学风建设中，倡导开拓进取的精神。另一方面，

学校通过成立创新创业社团、在微信公众号上设立专栏等形式，多维度地营造敢为人先、勇于探索、宽容失败的氛围。另外，学校还可以通过"校、政、行、企"多方协同，借助与政府、行业、企业联合举办各种创新创业大赛之机，培育创新创业校园文化，点燃大学生创新创业激情。

（4）完善创业孵化服务体系，解决创业实践资源平台问题。

脱离实践的创业教育必将是失败的，必须将创业实践作为创新创业教育的核心内容之一。一是模仿企业创业过程与经营环节，在校内建立创新创业综合实训指导中心，从由各级政府创新创业指导部门、优秀企业家等组成的导师库中选取相关导师，形成专家顾问委员会，采用合作形式指导学生的创新创业活动。二是在校外建设大学生创业园，整合校内外各种资源，构建包括政府层面、高校层面、社会层面各个体系在内的大学生创业孵化体系和中心，引导学生创业团队入驻地方创业孵化器等创新创业实践平台，实现与具有创业孵化属性的众创空间内外互联互动。三是进一步完善"项目挖掘＋团队遴选＋过程辅导＋引资推动＋入驻经营＋政策服务＋孵化落地＋管理咨询"的创业管理机制。

四、"1+2+3+4"多元协同培养模式运行保障措施

（一）强化组织管理顶层设计

从某种意义上看，无论是内部还是外部的协同培养，学校内部的制度壁垒对多元协同培养的制约作用会更大。因此，首先，高校应建立开放包容的现代大学制度。学校应密切与社会联系，注重内外互联互动，主动谋求外部合作，积极拓展办学空间，整合各方资源，为创新创业教育创造良好的生态环境。其次，设立创新创业学院。以创新创业学院的设立为契机，构建科学有效的组织管理体系，打破院系、学科、专业之间传统的建制模式，由创新创业学院具体实施创新创业人才培养工作。

（二）完善沟通协调机制

创新创业人才"1+2+3+4"多元协同培养模式的推进，需要政府、行业、企业多方参与，因此，学校应建立良好的沟通机制，进一步加强与地方政府、行业协会、相关企业的互联互动。其一，强化与政府部门的沟通。协同培养过程中，对一些可能超出学校职能范围的关系，可以请示政府出面进行协调，或者由政府利用资源优势搭建协同创新中心、大学科技园等合作育人平台。其二，强化与行业部门的沟通。行业部门既了解行业企业的需求又引领行业企业，因此，可以通过与行业部门的沟通，择优选取具有代表性的行业企业搭建创新创业教育实践平台。其三，强化与企业的沟通。通过与企业的沟通，增强彼此信任度，借鉴企业经营与创业过程，并根据互补性、战略契合性进行模拟仿真，在校内建立创新创业实训中心。

（三）拓宽融资渠道

创新创业实践教育尤其是创业实践与孵化离不开资金的支持。因此，高校应拓宽创业融资渠道，充分利用各方资源筹措资金，为创新创业教育提供经费保障。一是学校设立创新创业基金，为大学生创新创业提供初始资金支持。二是学校可多方位、多手段推介大学生创业项目，吸引更多诸如天使投资、风险投资等关注并提供资金支持创新创业教育。三是利用好政府鼓励高校创新创业的各项优惠政策，通过财政资金引导社会资本向大学生创业项目投资，多渠道筹措资金，资助大学生创新创业。

（四）实行弹性学分制

根据创新创业人才培养要求，创新考试及学分制制度，借鉴国外先进经验，实行"创业学分制"和"弹性学分制"。一方面放宽学生修业年限，允许具备创新创业潜质的学生申请休学创业，学校应当保留处于创业期的学生的学籍；另一方面建立创新创业学分积累与转换制度。对休学创业后回校继续学习的学生，其之前以及创业过程中取得的创新创业学分可累计计算，对其毕业实习、毕业论文可采用"转换制"进行考核。具体做法包括：一是用"创业证明"替代"毕业实习证明"。创业证明须由工商部门或者创业团队出具，凭此不仅可申请创新创业学分，而且可免于毕业实习；二是用创业期间完成的"研究报告、策划方案等"替代"毕业论文"。研究报告及策划方案主要是指创立企业的可行性研究报告、招标投标方案以及生产产品的市场推广计划或调研报告等，凭此可申请获取毕业论文学分。

（五）建立科学的考评制度并严格执行

应构建有利于学生创新创业能力培养的评价体系并严格执行。一是强化导师遴选和动态管理。一方面制定科学合理的导师遴选制度，把好合作导师"进口"关，使胜任能力和责任心"双强"的优秀导师脱颖而出，并吸收进入导师组；另一方面严格考评制度，实施"退出"机制，把好合作导师"出口"关。制定考评奖惩制度，明确导师的岗位职责，并定期考核，对难以胜任创新创业教育，未能履行岗位职责的导师实行淘汰制，保障导师队伍的动态管理。二是实行学业成绩考核和评价方式的多元化。强化考查学生的创新精神和实践应用能力，改变单一的学业成绩考核方式，注重对学生在创业过程中的评价，不以创业成功与否作为最终的评价结果，主要以学生在创业实践中的体验作为其考核、评价要点，并设置权重在学生评奖评优环节予以适当体现。

（六）落实激励机制

一是加大对创新创业教育专项经费投入，并采取多方措施，提高创新创业专项资金使用效益。二是鼓励胜任能力和责任心"双强"的专业教师结对指导学生创业团队。学校应认定老师工作量，并将聘期考核、职称晋升、评优评奖环节作为重要业绩予以考虑，从制度的设置上鼓励专业教师参与创新创业教育，并贯彻落实到位。三是对开展创新创业教育成效显著的二级院部予以表彰，并在后续课题研究的立项、相关专项经费的核拨等方面予以适当倾斜。

第三节　多元智能视角下专业教育与创新创业教育的协同方法

党的十八大以来，科技创新摆在了国家发展全局的核心位置。在"创新驱动发展战略"的引导下，教育部进一步提升创新创业教育的战略定位，从 2012 年 2 月开始，教育部推行实施"本科教学工程"国家级高校创新创业训练计划，旨在"促进高等学校转变教育思想观念，改革人才培养模式，强化创新创业能力训练，增强高校学生的创新能力和在创新基础上的创业能力"。由此全国各高校的高校创新创业教育（以下简称大创教育）得到了高度的重视，并取得了快速发展。

高校在大力推进大创教育的过程中，也出现了一些缺失，主要体现在以下三个方面：一是专业教育模式仍沿着过去的惯性继续前行，没有顺应形势变化进行改革，或者改革的效果不能满足形势的要求；二是一些大创教育研究者忽视了传统专业教育对创新能力培养的作用；三是部分大创教育实践者另起炉灶，脱离专业教育开展大创教育。由此在专业教育和大创教育之间，存在一定程度的脱节，未能实现有效的协同，影响了两方面的教育教学效果。

出现这些问题的原因是复杂的，解决这些问题也需要多方面的综合治理。本节基于多元智能理论的教育学启示，分析了专业教育的多元化教学模式、大创教育的多维度训练模式，提出了专业教育和大创教育协同的路径和方法，并在教育教学活动中进行了实践。

一、多元智能理论的教育学启示

加德纳（Howard Gardner）的多元智能理论在美国教育教学改革中产生了广泛的积极影响，已经成为西方国家 90 年代以来教育教学改革的重要指导思想。在我国的基础教育中，多元智能理论得到了高度的重视，并在近年来进行了大量的应用研究，取得了丰富的成果，而在高等教育界则研究得较少。实际上，多元智能理论对高等教育的改革，也具有积极的启示作用。

（一）多元智能理论的基本内容

加德纳的多元智能理论，主要有以下四个方面的内容：

第一，个体的智力都具有自己的特点和独特的表现形式。在加德纳的多元智能理论看来，作为个体，每个人都同时拥有相对独立的八种智力，而这八种智力在每个人身上以不同方式、不同程度的组合使得每个人的智力各具特点，同样具有较高智力的人，可能是一名作家，可能是一名数学家，也可能是一名运动员。

第二，智力强调的是个体解决实际问题的能力和生产、创造出社会需要的有效产品的能力，即智力应该强调两个方面的能力，一个方面是解决实际问题的能力，另一个方面是生产及创造出社会需要的有效产品的能力。

第三，个体智力的发展方向和程度受到环境、教育的影响和制约，尽管各种环境和教育条件下的人们身上都拥有八种智力，但不同环境和教育条件下人们智力的发展方向和程度有着明显的区别。

第四，多元智能理论重视的是多维地看待智力问题的方法，承认智力是由同样重要的多种能力而不是由一两种核心能力构成，承认各种智力是多维度地、相对独立地表现出来而不是以整合的方式表现出来。

（二）多元智能理论的教育学启示

在加德纳提出多元智能理论之后，各国学者主要是教育家从不同的角度对其进行了延伸研究，其中也包括一些分歧和争议。一般来说，能够获得普遍认同的多元智能理论的教育学启示包括以下三个方面：

1. 人的智能是多元的

人的智能是多元的，或者说人的能力是多维度的。虽然不同维度的能力之间存在耦合关系，很难将不同的能力截然分开，不同的学者可能有不同的维度分类方法，但是可以将人的能力分成不同的维度进行研究。

2. 能力既是先天性的又是后天性的

同一个个体的不同维度的能力，存在差异；不同个体某一个维度的能力也存在差异。这种差异，既有先天的因素，又有后天的因素。先天因素具有决定性的影响，后天因素可以在一定程度上加以改变。

由于个体在不同维度的能力存在差异，因此需要"因材施教"，以充分发挥不同学生的特长，提高教育的效果。由于不同维度的能力都是可以后天培养的，因此在教育活动中，要注重多维度提升学生的能力。

3. 能力的后天性成长是非线性的

能力的训练成长曲线具有普遍意义。大量研究结果表明，对任何能力进行指标量化测量，都能够得到形状相似的训练成长曲线。虽然不同的能力训练可能得到的曲线并不完全相同，形状可能更为复杂，会出现多个拐点，但是基本趋势是相同的。

能力成长曲线具有两方面的指导意义。一是在特殊专门人才的选拔方面，由于能力的极限值训练之前或训练初期是不可知的，但是极限值与初值、初始上升速度呈正相关，可以根据初值、初始上升速度来预测、估计极限值，以此作为某一方面特殊专门人才的选拔依据。二是在教育科学方面，首先，确认能力可以通过训练得到成长；其次，能力训练存在效率问题，必须根据能力需求进行适当训练，发挥能力训练初期成长速度较快的特点，兼顾能力成长值与训练效率之间的平衡。

二、多元智能视角下的专业教育改革

专业教育的基本任务有两个，一是传授学生必要的专业知识，二是培养学生专业知识的应用能力。这两个任务是相互耦合的，在传授知识的过程中培养了学生的能力，在培养能力的过程中让学生获得了知识，一般无法将两个任务的完成过程截然分开。专业知识的应用能力，即是利用专业知识分析问题、解决问题的能力，按加德纳的观点，就是"智能"，按一般创新能力的定义，就是创新能力。

为提高学生的创新能力，并在提升创新能力的基础上培养学生的创业能力，学校应主要立足专业教育的改革，特别是专业教育中理论课教学的改革。通过改革专业教育的教学模式，提升专业教育对创新能力的培养效果。

从多元智能理论的角度看，要想提高学生的能力，必须因材施教。针对每一个具体学生来因材施教，对教育教学来说是不现实的。首先，教师的人数达不到，不可能每一个教师仅针对某个或某几个学生进行教学活动；其次，教师的能力达不到，很难要求所有专业课教师都是心理学、教育学方面的专家，或者教师具备因材施教所需的教育科学方面的知识和能力。学校可以将专业教育的教学活动分成几种不同的模式，让学生根据自己的特长从不同的教学模式中获取知识或提升能力，同时通过不同的教学模式，在不同的维度下开展训练、提升学生的能力，以此起到因材施教的效果。常用的教学模式有以下几种。

（一）课堂教学模式

教师讲、学生听的课堂教学模式，是经典的教学模式，也是最为有效的教学模式，在过去和现在都是主流教学模式，在可预见的将来仍然会是主流教学模式。首先，这种教学模式，学生主要利用语言感知能力来获取知识，虽然不同学生个体的语言感知能力存在差异，但是在人的各种能力中，语言感知能力是相对比较强的，因此这种教学模式对所有学生都存在相对较好的教学效果。其次，这种教学模式比较容易实现，基本上有黑板、粉笔或类似电子产品就可开展教学活动。最后，适用范围广，绝大多数教学内容都可以采用这种教学方式。

（二）多媒体教学模式

多媒体教学模式，是针对特定的教学内容，以模型、三维动画等方式呈现教学内容的教学模式。这种教学模式，学生主要利用音乐、空间智能来获取知识，可以作为一种独立的教学模式，也可以不作为一种独立的教学模式，而是作为课堂教学模式的辅助手段。多媒体教学模式存在一定的适用范围，有些教学内容不适合采用，或者采用的意义不大。

（三）互动教学模式

互动教学模式，学生主要利用人际关系智能来获取知识。从对象上来说，有师生之间的互动和学生之间的互动；从互动的时间来分有课上、课下的互动；从互动的空间来分有真实空间的互动和网络空间的互动。互动教学模式，可以提升学生的沟通交流能力。

（四）实践教学模式

实践教学模式是目前广为采用的教学模式，学生主要利用身体运动智能来获取知识。实践教学模式从空间上来说，分为计算机仿真实验（含网络虚拟实验）和真实实验两种方式。两种方式涉及的智能类别可能有所区别，但是都对获取知识、提升能力具有重要的作用。

上述各种教学模式，通常不是单独存在的，不是单独起作用，需要相互协同。专业教育的改革，就是要针对具体的教学内容，设计不同的教学模式之间的整合与互动，从而最大限度地让学生发挥自己的特长来获取知识，同时通过不同的教学模式对学生进行相应的能力训练。知识的学习过程和知识的应用过程，通常是融合在一起的，如学生做一道习题，在增强对知识的理解、记忆的同时，也训练了其对知识的应用能力，训练了其利用知识分析问题、解决问题的能力。任何一种教学模式都既有长处也有其不足，针对具体课程或具体教学内容注重某种适宜的教学模式是可取的，但是整个专业教育如果偏重任何一种教学模式，都会造成"营养不良"，不利于发挥学生多元智能的特长，不利于训练学生的多元智能。只有不同教育教学模式的合理整合和互动，才能实现多元智能的利用和训练的最优化，才能通过专业教育有效地提升大学生的创新创业能力。

三、多元智能视角下大创教育的实施

近年来，我国各高校掀起的大创教育热潮，大多以两种形式开展大学生的创新创业教育，一种是开设专门的创新创业课程，另一种是开展各种课外创新创业学习活动。无论是从创新创业课程与专业课程的学时数比较来看，还是从学生在第一课堂和第二课堂所能花费的学习时间比例来看，大创教育都应该以专业教育为基础，作为专业教育的必要补充，并对专业教育进行有意义的延伸。

（一）创新创业教育的内涵

如前所述，专业教育本身就是以培养学生分析问题、解决问题的能力作为主要任务，从这个意义上说，专业教育本身就是创新创业教育，并且是创新创业教育的主渠道。我国学界对创新创业教育赋予了特定的内容，以区分传统的专业教育，主要是为了强调创新创业教育的特点。

创新教育是指通过教学活动来培养学生的创新能力，增强学生创造新的、有用的思维产品的能力。对创新教育的理解，既要考虑创新教育的历史和已经形成的理念，又要考虑到创新教育已有的积累和将来的发展。创新教育既是一种反映时代需要的新的教育理念，也是一系列"为创新而教"的教育教学活动。从整个社会层面来看，凡是以培养人的创新思维、创新素质和创新能力为主要目的的教育都可以称之为创新教育。

创业教育是指培养人的创业意识、创业思维、创业技能等各种创业综合素质，并最终使被教育者具有一定的创业能力的教育。创业教育并不等于创建企业的教育。创业首先不能仅仅被当作一种纯粹的、以盈利为目的的商业活动，而是渗透于人们生活中的一种思维方式和行为模式。创业活动要求大学生具备自主、自信、勤奋、坚毅、果敢、诚信等品格与创新精神，要求大学培养未来创业者与领导者的成就动机、开拓精神、分析问题与解决问题的能力。创业教育的宗旨在于培养学生的创业技能与开拓精神，以适应全球化的挑战，并将创业作为其未来职业的一种选择，转变就业观念。创业教育不仅传授关于创业的知识与能力，更重要的是，要让学生学会像企业家一样去思考。也就是说，创业教育有两层目标：第一层目标，创业教育的主要任务是培养大学生的进取、开拓精神，使所有大学生成为高素质创新人才。这种精神是做任何事都必须具备的，所以即便没有创业意向的同学，也应该积极接受创业教育。第二层目标，培养学生形成创业所必要的领导力，包括商业谈判技巧、市场评估与预测、启动资金募集方式、新创企业申办、新创企业的风险防范和战略管理等，并使学生具备关于金融、财务、人事、市场、法规等方面的基本知识，从而推动大学生自主创业。

创新创业教育作为我国提出的一种新的教育理念，并不是创新教育与创业教育的简单叠加，而是在理念和内容上实现了对创新教育或创业教育的超越。在理解创新创业教育时，有的研究者将创新与创业割裂开来，偏离了创新创业教育的内涵。创新创业教育不是两个概念的交集，而是一个新的完整的概念。创新创业教育的核心是培养大学生创新精神、创业意识和创业能力，引导高等学校不断更新教育观念、改革人才培养模式、教育内容和教学方法，将人才培养、科学研究、社会服务紧密结合，实现从注重知识传授向重视能力和素质培养的转变，提高人才培养质量。在创新创业教育中，创新与创业相互作用、相互影响、贯穿始终，共同构成创新创业教育的核心。

（二）大创教育应密切联系专业教育

跨专业成才在历史和现实当中都是存在的，但毕竟是小概率事件，这些小概率事件的社会影响和社会价值有可能非常大。高等教育显然不能追求小概率事件，应以培养本专业高素质的建设人才为目标，因此高校的大创课程和大创活动，应以专业教育为导向，紧密围绕专业教育开展。

1. 大创教育应面向专业所需的能力

从多元智能的角度看，不同的专业需要的能力存在差异，大创教育应基于专业特点开设课程、开展活动，通过大创课程和活动，强化训练专业发展所需的专项能力。由于能力的耦合性，很难严格界定专业所需的专项能力，也很难明确区分一般性能力和专项能力，通常只能了解专业所强调的能力维度和一般训练方法。大创教育可以发挥灵活的作用，开展丰富多彩的教育教学活动，在训练学生创新创业一般能力的基础上，着重强化专业所需的专项能力。

2. 大创教育应密切结合专业内容

由于电子设计类、计算机类、机器人类的竞赛比较容易开展，并且关联的专业又非常广泛，目前有影响的创新创业竞赛，基本上都为这几类竞赛。在竞赛效应的驱动下，在一些学生甚至是创新创业教育者的意识中形成一种误区，好像创新创业教育的主要内容，就是进行着以上几种竞赛方面的培训。我们从教育部 2016 年发布的高校排名前 10名高校中，随机选取 3 所高校，对其网上公布的 2017 年高校创新创业训练项目进行分类，在三所高校的项目中，电子设计、计算机、机器人等类的项目占全部项目的比例分别为52.3%、56.4%、58.9%，而专业相关的创新创业项目占比则相对较小。

这些竞赛通常不要求掌握原理、算法，如机器人设计大赛的竞赛规则明确要求不能涉及算法。竞赛内容与多数参赛学生所学的专业关联度不大，既不用掌握原理又不用设计算法，这类竞赛当然有其存在的价值和意义，但是作为大创教育的方向显然不合适。高校创新创业训练项目，应该结合专业知识设计选题，其他大创教育教学活动，也应该密切结合专业实际，利用不同形式的大创教育教学活动，培养学生的专业兴趣，将专业科研创新能力和创新创业能力的培养相融合。

（三）大创教育应作为专业教育的延伸

在现有的专业教育体系中，受学时数的制约，对学生的创新创业能力培养方面存在一些薄弱环节，特别是在创业教育方面。大创教育应设法补齐专业教育的短板，作为专业教育的延伸。主要包括以下几个方面：

1. 开设具有专业特色的创业基础课程

2012 年 8 月，教育部办公厅印发《普通本科学校创业教育教学基本要求（试行）》的通知，指出"高等学校应创造条件，而向全体学生单独开设《创业基础》必修课"；同步还印发了《创业基础教学大纲（试行）》。开设创业基础课程时，要以教育部的教学大纲为基础，融入专业元素，增加专业相关案例，通过创业基础教育教学活动，弥补专业课教育在创业教育方面的不足。

2. 与企业协作开展协同创新活动

与专业相关的企业协作，聘请企业家或企业科技人员作为创新创业指导教师，将企业的真实课题作为高校创新创业训练项目的课题，加强大学生与企业家、企业科技人员之间的互动协作，开展大学生与企业之间的协同创新教育教学活动，增强学生的专业兴趣，着重培养学生的"岗位创业"意识。

3. 开展多元化的课外创新创业活动

实施"高校创新创业训练项目",应注重以专业科研前沿相关的研究内容,作为训练项目的课题,结合开设创新思维选修课程、举办各种形式的讲座,增强学生的创新意识。开展与专业相关的创新竞赛,开设创客空间,举办创客沙龙等,利用丰富多彩的课外创新创业活动,多元化训练学生专业相关的创新创业能力。

学生在专业课程上所花的时间,占可用学习时间的绝大部分,专业教育要发挥创新能力培养的主渠道作用,要将创新创业教育融入专业教育的全过程。在专业教育中进行多种教学模式的整合,让具有不同能力特长的学生能够从不同的教学模式中获取知识,同时利用不同的教学模式训练学生不同的能力。大创教育要融入专业元素,结合专业科研内容开展创新创业活动,利用丰富多彩的课外创新创业活动,补齐专业教育在创新创业教育方面的短板,延伸、发展专业相关的创新创业教育,利用多元的活动从多维度强化学生的能力。

第四章 高校创新创业教育的实践应用研究

第一节 高校创新创业教育平台构建及应用

加强高校创新创业教育是推动国家创新发展的重要措施，是我国高等教育发展的基础。研究构建高校创新创业教育体系，就要搭建高校创新创业教育实践平台，将高校创新创业教育与高校人才培养紧密结合，解决创新创业教育过程中出现的问题，培养大学生创新思维和创新创业能力，推动我国高等教育教学改革。

创新创业是民族振兴之魂、国家发展之根。创新创业教育包括创新创业意识、知识、能力和品质等教育。开展创新创业教育，培养大学生的创新意识、创新精神和创业能力，是创新型国家建设的需要，是时代、经济和社会发展的需要，是高等院校教育改革的需要，是提高大学生持续发展能力和社会适应能力的需要。

一、搭建创新创业教育平台

（一）搭建高校创新创业教育实践平台

鉴于一些高校创新创业教育重视理论教学、轻视实践训练，创新创业实践平台不完备，高校应整合校内外优势资源，建立协同发展、协同育人的创新创业实践体系，搭建创新创业基础平台、实训平台和孵化平台等，适时成立创新创业学院。

加强基础平台建设，加大资金投入力度，增加基础训练项目，依托学校高校创新创业基地、二级学院实验室、大学生创新工作室和校企合作平台，在专业教师的指导下开展创新创业活动，积极组织和鼓励学生参加国内外各级各类大学生科技竞赛、职业技能竞赛和创新创业竞赛，以赛促教、以赛促学、以赛促训。搭建创新创业实践平台，依托学校"创客空间"进行创客训练，参与创客项目，提升大学生创新创业能力。推进创新创业成果孵化，依托大学科技园、成果转移中心，学生注册公司，进行实践营销和实体运营，建立校企、校校以及校地合作的孵化模式。通过开展高校创新创业活动，充分挖掘大学生潜能，提升大学生创新创业能力。

（二）高校创新创业教育课程体系建设

目前高等院校主要采取课外创新学方法鼓励学生创新创业，大学生通过考取相关证书、参加科技竞赛等获取创新创业学分。但由于创新创业课开设少、课程覆盖面不广、课程教学质量差、实践性不强，创新创业教育课程不成体系，未能取得实质性成效。

高等院校应该及时修订人才培养方案，将创新创业基础课、拓展课和实践课融入人才培养全过程。创新创业课程要突出有效性、前瞻性和系统性，要以需求为导向，实现课上和课下、线上和线下、理论与实践相结合，以获取更好的教学成效。高校要做好创新创业教育基础课、拓展课和实践课等模块化设计，及时将行业动态和发展最新成果融入课堂教学。创新创业基础教育要面向学校全体学生，开设必修课和选修课，使学生掌握创新创业的基本知识和途径，培养学生具备创新创业的基本素质。创新创业拓展课实施阶段，高校应结合专业，面向对创业浓厚兴趣的学生开设选修课，将创新创业理论与实践相结合，开展创新创业实践活动；创新创业实践课实施阶段，要面向创新创业能力强的学生开设创新创业实践课，进行个性化培育。同时人才培养方案应将学生参与创新创业活动和取得的成果计入综合教育学分。

（三）创新创业教育的师资队伍建设

目前高等院校创新创业专任教师教学经验较少、数量不足，创新创业意识也较为薄弱，很难组建创新创业教学团队；专任教师创新创业理论基础不扎实，缺少实践经验，教学过程中缺少鲜明的案例，倾向宏观理论说教，难以激发大学生的创新创业热情。

培育创新创业教育专职教师队伍。由具备扎实的创新创业理论基础、创新创业实践经验、高度的责任心和热情的教师组建高校创新创业团队，学校加大团队建设投入力度，安排专职教师参加各类创新创业师资培训，提高教师的创新创业指导能力；安排创新创业指导教师到国内大型知名企业挂职实践，参与企业生产活动，积累创新创业实践经验。

培育创新创业教育兼职教师队伍。创新创业教育涉及管理学、经济学、法律学、心理学、伦理学等多个学科，社会兼职教师参与通识类课程教学，对大学生进行个性化指导；聘请创业成功人士、知名企业家、行业企业高管和技术人员担任学校高校创新创业教育兼职教师，介绍经典案例、企业文化、企业资金管理模式以及如何规避创新创业风险等知识。

（四）构建高校创新创业教育质量保障体系

部分高校建立的大学科技园、高校创新创业基地、众创空间和创业孵化基地等缺少基本设施，在政策指导、公司注册管理、成果交易、技术培训和法律咨询等方面服务不到位，学校、企业和政府之间权责不清，高校、企业和政府尚未形成协同育人机制，亟须构建高校创新创业教育质量保障体系。

以技术创新和研发为目标，搭建创业平台；以需求为导向，培育创新创业项目，建立高校、企业和政府之间能够良性互动的创新创业教育体系。

搭建创新创业教育服务平台，完善创新创业服务体系，为高校创新创业提供技术咨询、项目申报、企业注册、资源对接、法律咨询、活动交流和政企协调等服务，激发大学生创业热情，实现大学生科技竞赛成果、创新创业训练项目和研发成果与社会投资对接。政府对创业孵化基地进行奖补，引导社会资金投入，对大学生初创企业给予一定的补贴等，创造条件促进高校创新创业成果有效转化。

建立创新创业教育激励机制。对高校创新创业项目的前期调研和可行性分析，对有市场前景、能产生社会效益的项目提供支持，对指导教师和项目组成员给予一定奖励。

二、高校创新创业教育成效分析

学校合理规划和搭建校内实践教学平台和校外实训基地，开展工作室教学模式，为大学生创新创业训练提供必要的仪器设备和训练场所。

完善创新创业训练模式，充分利用企业资源，形成良好的工作学习环境，加强创新创业训练导师队伍建设。信息反馈与激励机制，将高校创新创业教育纳入本科教学考核体系。通过政府支持、企业支持和学校自身改革，政府、企业和高校联动构建大学生创业服务体系。创新创业教育是新形势下教学改革的积极尝试，需要不断探索与实践加以完善优化。

第二节　PDCA 循环法在高校创新创业教育管理中的应用

国家经济建设与社会发展需要高素质人才，高等教育担负着培养高素质人才的重大任务。创新创业教育能够培养具有创新精神和实践能力的高素质人才。科学有效的创新创业管理是保证教育目标实现的关键。PDCA 循环法具有持续性、循环性和完整性的特点，是科学管理的有效方法。高校创新创业管理应用 PDCA 循环法，能够解决创新创业教育过程中存在的创新创业教育与专业课程教育融合度低、专业化不够和管理机制不完善的问题。另外，高校创新创业过程中，应用 PDCA 循环法也可以进行有效的自我管理。

一、PDCA 循环法的内涵和特点

（一）PDCA 循环法的内涵

PDCA 是管理学中通用的模型，是由美国质量管理专家休哈特首先提出，后来由美国著名的质量管理专家戴明博士根据信息反馈原理采纳宣传，所以又称其为"戴明环"，这是全面质量管理应该遵循的科学程序。PDCA 是英语单词 Plan（计划）、Do（执行）、Check（检查）和 Act（纠正）的第一个字母。其中"计划"指方针、目标及活动计划的制定，"执行"指具体的运作，"检查"指明确效果并找出问题，"分析"指对总结的成果进行分析，正确的加以肯定并将其标准化，制定指导书，错误的放入下一个环节。PDCA 循环就是按照这样的顺序进行质量管理，并且循环下去的科学程序，是科学管理的一个方法。

（二）PDCA 循环法的特点

1. 持续性

管理通过循环持续运转，每循环一周质量提高一步。每次循环只有使思想方法和工作步骤更加细化，问题才能不断地解决，管理质量才会持续提高。

2. 循环性

大环套小环，小环保大环，环环相扣，彼此促进。整个管理循环是一个大循环，各执行部门则是大循环中的每个小循环。小循环以大循环为整体，是大循环的有机分解和重要保证。

3. 完整性

管理循环是一个整体，每一个循环中的每一个阶段都处于同等重要的地位。每一个阶段的工作都是下一阶段的开始，互相促进，持续改进，从而最终可持续性发展。

二、高校创新创业教育管理存在的问题

（一）创新创业教育与专业课程教育融合度低

目前很多高校都开设了"大学生职业生涯规划""职业岗位群导论""创新创业基础"和"创业管理"等创新创业课程，大学生可以学习到创新创业需要哪些条件、相关政策和法律法规等知识，引导有创新创业想法的学生在大学期间合理规划，为创新创业实践提前准备。高校创新创业教育内容不能只局限于教科书上的理论知识，要和实践操作相结合，侧重大学生的体验，来培养大学生的创新创业意识，要将创新创业教育融入大学生素质教育中，努力营造"头脑思创新，动手能创造"的良好教育氛围。高校开设的创新创业课程和专业教育课程融合不够，如果创新创业课程和专业课程独立进行，必会远离开设课程要达到的最终目标。

（二）创新创业教育专业化不够

创新创业是一个复杂的群体活动过程，涉及很多方面。作为创新创业的教育管理者，素质能力的高低，管理体制健全与否，关系到创新创业教育活动实施的成败。一些高校的创新创业教育由行政职能管理部门来负责，大多数教师对创新创业教育不够重视，没有经过专门的创新创业培训，缺乏创新创业意识，很难激发大学生的创新创业热情。

（三）创新创业教育管理机制不完善

习近平总书记在党的十九大报告中指出"加快建设创新型国家"，明确"创新"是引领发展的第一动力。党的十二届全国人大三次会议中李克强总理指出 2015 年的工作总体部署，培育和催生经济社会发展新动力，推动"大众创业、万众创新"。大学生是

国家建设的主力军，高校应该把培养大学生的创新创业能力作为教学改革的主要内容和人才培养的方向，来培养"专业＋创新＋创业"的新职业复合型专业人才。高校虽然设立了创新创业教育管理机构，但在教育过程实施中，管理机构和教育者缺少沟通，对创新创业教育政策和法规理解有偏差，导致创新创业教育效果不理想，因此加强高校创新创业教育指导管理与监督评价是教育管理的重点工作。

三、PDCA 循环法在高校创新创业管理中的应用

高校创新创业教育是一个全面的、系统的过程。高校创新创业根据培养目标来实施教育方案，监督并反馈创新创业教育效果并进行改进。只有不断的"循环"，总结经验，解决难点，形成教育的 PDCA 循环，才能提高教育的实效性。PDCA 循环，可以使思想方法和工作步骤更加条理化、系统化、科学化。PDCA 循环可以有效地应用到高校创新创业管理中，也可以应用到大学生自我管理的每个细节中。

（一）高校创新创业管理

1. 制订创新创业教育管理方案

高校应适应经济建设与社会发展战略需要，全面贯彻落实《教育部关于全面提高高等教育质量的若干意见》，改革教育管理方式和手段，明确人才培养目标。高等教育的目标是培养高素质的人才，创新创业培养的重点是培养大学生掌握创新方法的运用，它不是简单思维上的思考过程，这需要通过有效为大学生提供训练提升的教育和培训方法，使大学生能够了解方法、掌握方法、运用方法，从而解决问题、促进就业，实现创新创业。创新创业教育与专业课程教育的人才培养目标是一致的。学科之间都是彼此联系的，如果每门课程都是孤立的，大学生就会只见树木不见森林，所以要二者深度融合，让大学生将掌握的专业理论知识用到创新创业实践中，从而调动大学生学习的主动性，强化

高校创新创业精神，锻炼和提升大学生的创新思维与创业技能。

2. 培训和选拔创新创业教育管理教师

创新创业教师应该热爱创新创业教育，这样才能够激发大学生的求知欲，提升其判断力，锻炼其对复杂环境的应对能力，使大学生能够运用理论知识对特殊事例做出判断。高校应加强创新创业教师的教学能力建设，选拔有能力的教师来担任创新创业教育工作，定期组织培训、访学及进修等工作，鼓励创新创业教育教师到行业企业挂职锻炼。高校要定期对创新创业教师进行考核，不仅考核其专业知识是否达到标准，同时也要考察其对专业知识的运用能力。另外，对考核不合格的教师要进行有针对性的培训，对无法提高自身素质的教师要将其调离创新创业教师岗位。

3. 实施和监督创新创业教育

教育管理部门在下发人才培养方案后，各教学部门要进行实施；创新创业教育实施了一个阶段之后，要对照人才培养计划和培养目标，定期检查并监督实施效果，及时发现问题。定期检查和监督非常重要，能够确保教育工作是否按照计划进度实施，各部门要及时相互反馈教育过程中出现的问题。教育管理部门对教学单位具有监督管理权，如果教学单位在执行过程中出现偏差，要及时指导并纠正。在严格按照计划实施教学时，没有出现预期的结果，则意味着教育方案失败，那就要重新制订最佳方案。

4. 改进创新创业教育管理机制

创新创业教育要满足不同类型的创业者的需求。开展创新创业教育管理评价，是创新创业教育管理的基础工作，评价能够为创新创业教育管理提供决策参考。

根据监督检查的结果，学校要采取相应的措施，来改进培养计划和目标，制订新的培养计划和目标。针对不同创业者的需求和创新创业教育管理的反馈与评价，制定相应的整改方案，以建立健全创新创业教育管理制度。

（二）大学生自我管理

1. 创新创业项目设计阶段

高校创新创业，首先就要考虑把精力和资源放在哪一个领域，什么样的项目能够很快取得成果，以及项目的创新点在哪里等问题。项目设计是创新创业项目的前期准备工作，也是非常关键的。只有项目有创新点，项目的最终成果才可能转入创业的环节。开展创新创业项目之前，一定要认真准备，项目计划书是不可缺少的，没有项目计划书的创新创业就是蛮干，容易以失败而告终。创新创业项目开始执行前，指导教师会指导项目组所有成员进行项目设计。一般情况下，是由项目负责人提出一个初步的项目方案，所有项目组成员在一起讨论项目是否可行，指导老师听取所有项目组成员的意见，并提出自己的见解，最后确定一个最优方案。

在项目计划书确定的过程中可以不断发现问题，及时进行相关内容的补充，从而完善项目计划书。创新创业项目是否能够顺利进行，都要有一个严格的论证，要查阅大量的文献，并收集相关的数据进行分析。

2. 创新创业项目的执行阶段

项目计划书确定以后，项目就可以运行了。项目运行过程中要解决资源与团队的问题，包括团队每个成员分工，每天投入多少时间，多少天为一个时间节点等方面，都要经过深思熟虑。项目的执行阶段也是一个 PDCA 循环。一般情况下，指导教师会布置本阶段的任务，让项目组全体成员清楚工作目标，然后做好详细的工作计划与进度。全体成员各司其职，按照计划执行，定期开会交流心得，解决问题。在规定的时间节点，任务是否完成，如果完成，就进入下一个阶段；如果没有完成，则进入下一个 PDCA 循环。

3. 创新创业项目的检查和处理阶段

创新创业项目完成后，指导教师要进行最终汇报检查。若发现问题，指导教师就会提出整改意见，项目组成员进行实施。整改完成后，指导教师要指导项目组成员进行论文撰写或报告总结，项目成员将创新创业过程进行简单论述，交流自己的心得体会，从而提升其创新创业能力和认知。

PDCA 循环看似比较简单，但用起来却没有那么容易。PDCA 循环的每一步都非常关键。在高校创新创业过程中，首先要写好项目计划书，然后按照计划书来具体执行，但由于项目组成员可能其专业、年级、学校都不一样，成员间的素质和能力也不尽相同，当执行人员没有充分了解项目目标和用途时，执行力越强则离目标的偏差越大。另外，每个成员都有惰性，大家都愿意做指导教师要检查的工作，对指导教师不检查的工作，项目的质量完成度不高。此时，检查尤为重要，检查可以让问题在刚发生时，就能及时发现，然后可以采取措施及时纠正。因此，PDCA 循环促进了大学生日常行为的管理、工作计划的安排和创新思维习惯的养成。

第三节　TRIZ 理论在高校创新创业教育中的应用

一、TRIZ 理论与创新创业概述

1946 年，苏联发明家根里奇·阿奇的勒（G.S.Altshuller）创立了发明问题解决理论（Teoriya Resheniya Izobreatatelskikh Zadatch，TRIZ）。该理论将要解决的问题抽象化，并利用 TRIZ 工具找到解决模型，进而转化为解决方案。我国 TRIZ 理论研究的主要阵地是高校，TRIZ 理论为大学生创新创业能力培养提供了创新理论，也对创新创业教育的开展提供了思维方法。

二、TRIZ 理论创新思维在高校创新创业教育中的应用策略

一是建设课程体系。高校的创新创业教育面临着众多的问题，影响创新创业教育开展的因素也有很多。首先，学校内的创新创业教育课程没有完整的课程体系，只注重教学形式，忽略了教学的本质，而这样的教育形式极大地阻碍了创新创业教育的发展。创新创业教育是融合了多种学科的综合性课程。其次，我国的创新创业活动是近年来才兴起的，发展的时间较短，缺乏比较深入的研究理论成果。重新调整优化课程体系，建立科学的课程体系，有利于对学生进行创新创业的教育，同时要有完善的法律法规政策对学校的创新创业教育进行法律保证，最后，在学校教学管理方面，可设置一些创新创业教育相关的选修课，如 TRIZ 理论课、创新思维课等，要配有详细的教学计划。

二是建立科学合理的教学评价体系。创新创业教育能够培养大学生的综合创业素质，但是我国很多学校都没有形成完整的教育模式，使得创新创业教育的体系不完善。很多学校忽略了创新创业教育评价体系的构建，以至于无法对学生的学习情况进行实时监督。创新创业活动有着较高的实践性。当前在社会认同和接受程度都很低的背景下，建立科学合理的教学评价体系，能够使教育模式更加成熟。对学生学习状况的评价是提高学生学习成绩的有效措施。当前新创业教育评价模式的缺失，使得创新创业教育的发展进程缓慢，学生的创业素质得不到有效提高。因此在完善创新创业教学体系的过程中，要着重进行评价体系的完善。

三是加强师资队伍建设。提供教师对外进修和培训机会，使教师能够对学生进行有针对性的辅导，尤其是让教师对有创新创业意向的学生进行额外的辅导。在学生进行创新创业的过程中，教师的指导对学生会起到重要的作用。教师的教学水平会直接影响学生的创新创业素质。因此，在加强创新创业教育的同时，也要为加强创新创业指导教师队伍的建设积极创造条件，加强专业师资培训。教师要能够为学生选择合适的讲课内容，创新创业教育的讲课内容要与时俱进。所以在更新教学理念和教学方法的同时，也要同

步加强教师素质的提升，培养和选拔专业带头人。另外，也可以适当的邀请专利发明者、知名企业产品研发人员进行讲座或宣讲，让学生了解创业的规律和技巧等知识。

四是营造创新创业氛围。想要更好地促进学生的创新创业活动，就需要在社会和校园中，营造浓厚的创新创业氛围。共同营造职场氛围，实现创新创业文化与企业文化相融合。从对少数有创新创业意愿的学生开展创新创业教育，到将创新创业教育推广到全体学生。学校要大力支持和鼓励、理解学生创新创业，并给予相关政策支持，挖掘学生的创新潜力。全面应用和推广 TRIZ 理论，调整优化专业人才培养方案。使学生获得创新创业的认知，推动社会经济的加速变革。将创新意识和创业素质作为培养学生的主要内容，树立正面典型，激发大学生的创新创业意识。改革人才评价标准，对勇于创新创业的学生进行表彰，最终形成浓厚的创新创业氛围。深化院校内涵建设，着力培养创新创业人才。

五是促进校企深度合作。《国家中长期教育发展规划纲要》对校企深度合作做出了政策规定和引导。很多学校在实施创新创业教育过程中，提出了校企合作创新创业教育的新理念，逐渐探索出将创业教育与专业教育结合的途径，并根据学生的专业情况建立校企合作的实体创业学院。校企联合是指学校与企业有着合作平台，共同建立真实或者模拟的生产工作环境。要着重培养学生的实践能力，提高大学生的创新意识和创业能力。通过积极地寻求与政府等机构的合作，建立校外创新创业实训基地，为学生分配创新创业实训项目，从而让学生在实训中获得工作能力的提升。在创新创业教育改革中的校企合作是一个全新的视角和方向，最终推动经济的发展，实现社会主义市场经济的转型升级。所以，实施创新创业技能人才培养模式，能够为学校和企业都带来利益，使得校企合作真正体现出实效性，从而促进学校和企业的深度合作。

随着经济的不断发展，我国经济已经进入了中速稳定增长的新常态。通过建设课程体系、建立科学合理的教学评价体系、师资队伍建设、营造创新创业氛围、促进校企深度合作，才能有效地将 TRIZ 理论创新思维应用在高校创新创业教育中，从而逐渐解决大学毕业生就业难等社会问题。

第四节　大学生项目参与式创新创业教育模式的应用

当前大学毕业生的就业压力越来越大。高校毕业生存在着就业能力方面的不足，集中体现在就业观念落后、心态不端以及求职能力匮乏等方面。为解决这方面的问题，就需要以创新创业教育来提高大学生的就业能力。

参与式教学法属于国际上比较流行的一种强调教学培训的方法，是由英国的社会学家总结发展起来，并且在教育领域应用日益广泛。参与式教学的过程中，大学生往往受教学目标的明确指导，在宽容的环境当中，运用合理方法来创造性融入各个教学环节，充分发挥创新意识并且提高自身的能力。

一、参与式创新创业教育的特点

参与式教学有着全面性的特点。传统的教学方法片面强调教学效果，忽视教学环节当中学生是否投入以及其学习的积极性是否得到激发。在这一背景下，学生往往被动接受知识，难以实现人才培养的目的。参与式教学强调合作学习和探究学习等师生互动的内容，有利于激发学生的学习热情，让学生可以真真参与到各项教学活动当中，在知识、心理以及能力等方面的培养当中实现自身水平的全面提高。

参与式教学有着主体性的特点。传统课堂教学主要强调教师的"教"，但是忽视学生学习的过程，从而给教学效果带来不良影响。参与式教学高度重视素质教育，强调学生的主体地位，教师主要发挥引导作用，从而在和谐的互动当中有效实施教学计划。

参与式教学有着合作性的特点。通常情况下，参与式教学强调合作模式，借助于小组活动来实现信息沟通与交流。学生在合作的过程中，一方面可以得到更多知识从而拓展自身的视野，另一方面能够深切体会到合作以及竞争的价值，为其日后踏入社会做准备。

参与式教学有着开放性的特点。参与式教学引导学生去主动拓展思路，发挥他们的创新意识，并且积极融入教学活动的各个环节。因此无论教学环境的布置还是教学内容的设计，教师都需要遵循开放性的原则。只有这样才能够培养大学生的发散思维，健全他们的知识结构。

二、参与式创新创业教育面临的问题

大学生综合素质不一。当前参与式创新创业教育面临各种问题的首要原因是大学生综合素质不一、专业水平及综合能力等方面无法满足创业的基本要求。大学生现今所接受的应试教育与其就业所需较高综合素质之间的矛盾越来越明显，大学生只掌握理论知识，缺少实践经验，无法真正将其所学知识应用到创业中，最终造成最终失败。

缺乏创业方向引导，实践性较差。创业是一项艰巨并且严谨的工作，应该在各个方面制订科学合理的计划及方案，一旦缺少正确的创业引导，就会导致创业失败。

大学生社会经验不足。由于大学生自身人脉及社会阅历较少，无法全面、理智分析当前局势，大学生创业是一种全面素质的综合考验，对刚刚走出校园欠缺经验的大学生而言，社会事务处理能力不足，应试教育使大学生多注重课本内容，他们缺乏实践能力，社会经验欠缺，创业中遇到问题无法找到全面合理的解决方法。

缺少资金及政策扶持。大学生创业需要大量资金支持，资金不足导致大学生的创业过程困难重重。

三、大学生项目参与式创新创业教育模式的应用

激发学生创业热情。项目参与式教学同传统的教学模式有着很大的区别，主要通过实践式、讨论式以及竞赛式等不同的模式来进行教学，创设活泼轻松的课堂气氛，来实

现理论以及实践之间的完美融合。在大学生的创新创业教育过程中，应用参与式的教学策略，能够有效激发他们创业的热情，让大学生在聆听以及反思的过程中得到心灵感悟。例如，教师应在教学开展的过程中进行商业计划书方面的竞赛，让学生在分享的同时引发共鸣。学生在聆听以及演讲的过程中会受益匪浅，在对未来的展望当中坚定创业信念，为创业梦想的实现做好准备。

营造生动课堂环境。为了可以凸显高校创新创业教育应有的实践性特色，教师需要积极应用项目参与式教学方法，营造生动的课堂环境，彻底改变教师灌输和学生接受的教学模式。项目参与式教学能够转变以课堂为中心的教学现状，更加注重实践知识，鼓励学生走出课堂，在实践过程中学习新知识。例如，教师在教学环节应当组织大学生去采访创业成功的人员，通过分析创业成本、创业背景、创业规划及企业特征等，让大学生清楚意识创业的过程，主动发现创业的商机。这样一来大学生就能够丰富课堂内容，充分调动他们的学习热情，在求知欲以及好奇心的驱动下持续提高理论认知水平，为其日后创业的实践奠定良好的基础。

综上所述，参与式教学法是协作教学的一种。在大学生的创新创业教育应用过程中，能够有效加强教师以及学生之间的交流，在持续获得信息反馈的过程中，不断增强大学生对创业教育知识的体会，从而提高他们的创业能力。

第五节　激励机制在高校创新创业教育中的应用

新的发展时期，大学生是我国创新创业发展的重要群体，在高校创新创业教育发展中，激励机制能有效提升学生的创新创业素养，提升大学生的创业能力，从而为大学生创造更为广阔的发展空间，在此背景下，学校要积极采取有效措施，从多方面培养学生的创新和创业能力。

一、高校创新创业教育激励机制的应用原则探讨

（一）激励机制的对象应该是全体大学生

激励机制开展的目的，主要是提高学生创新和创业学习的能力，从而提高高校教育教学改革发展的质量，这就要求激励机制必须面向全体大学生，让他们能从中得到提升和发展。在具体的实施过程中，学校要结合教育发展的理念，重视创新创业实践中学生的主体地位，增加学生的参与度。因此，创新创业教育不能单单理解为是针对"精英"学生展开的，需要同等对待所有的大学生，为所有大学生创造良好的发展平台，只要大学生对创业发展有兴趣，学校都要进行支持，鼓励他们大胆尝试。

（二）遵循大学生专业教育应用的激励机制

高校创新创业激励机制的应用，需要结合高校的实际发展和大学生的实际情况，这里需要考虑的是学生的专业、学习的环境及个性特点等。创业创新发展与大学生的专业知识学习有很大的联系，其开展也需要立足其专业应用来设置相应的教学方法，因此高校教师要以专业为基础，结合实际情况开展对教育教学活动的研究，从而找出其中的问题，积极拓展新的领域，帮助学生找到适合自己的创业创新发展道路。

当前，大学生创业活动比较普遍，只有具有独特性的创业活动才能占领市场并取得成功。因此，教师需要重视创新型原则，鼓励学生结合专业知识，激发学生的创业热情，针对学生的实际创业行为进行有效的指导，并协助学生对其创业项目进行考察，给出建设性的意见和建议。

二、当前高校创新创业激励机制问题分析

（一）创新创业意识不足

当前，面对激烈的市场竞争压力，很多大学生的就业观仍然是以找到稳定的工作为主，很多学生忽视了创新创业教育的重要性，再加上家庭、社会、自身观念等多方面因素，直接影响到学生的创新创业意识，导致大学毕业生创业的主观意识不足。

（二）创新创业活动的技术含量较低，成功率低

根据调查显示，当前很多大学生的创业活动都是家教、零售等一些技术含量比较低的行业，而像软件等高新技术行业的创业率较低。此外，高校中参与过创新创业活动的大学生只占一小部分，忽视了将创新创业发展上升到长远目标的培养方案，导致很多创新创业成果转化率较低。

（三）高校创新创业教育管理工作缺乏认识

据相关调查分析可知，我国很多高校的创新创业教育工作多只是停留在表面，在政策的响应下进行的表面探究没有专门的部门进行就业指导，也没有专门的创新创业教育研究部门。对该项工作的参与度和重视度不够，最终导致创新教育与大学生的专业课程教学实践的联系比较少，无法推动创新创业教育的可持续发展。此外，很多创新创业教育的发展也没有与经济发展结合，不论是内容还是形式上都比较零散，难以推动学生专业能力的提升。

分析当前出现这些现象的原因，一方面，是因为从当前的发展来看，高校缺乏创业教育的理念，对创新创业教育缺乏深入的认识；另一方面，学校创新创业教育的氛围不足，受传统教育观念的影响，从整个社会发展环境及高校的发展环境来看，对高校创新创业

的认识缺乏足够的认可。此外，缺乏完整的创新创业教育体系，不论是课程体系的建设还是专业教育的发展，都缺乏完善的教育体系的构建，无法满足新时期大学生创业的需要，如从资金支持、师资力量等方面，都无法为创业者提供足够的支持。在这种环境下，缺少创新创业激励机制的支撑，会影响到学校创新创业教育活动的开展，因此，高校必须重视结合实际发展，重视建立完善的激励机制。

三、高校创新创业激励机制构建的对策探讨

"大众创业、万众创新"的形势下，高校要重视激励机制的重要作用，积极构建激励机制，为学生的创新创业发展提供重要的条件。

（一）为大学生创新创业提供充足的援助基金

创新创业基金是重要的激励机制，奖学金的设置是为推动创新创业工作的开展，因此必须保证平等发放奖学金。奖学金的评判标准，除了考虑大学生的课程成绩，还要看重学生的创新创业成果，要从多个方面综合评价学生的能力。如果一个学生的成绩不太理想，但是其在创新创业方面取得的成绩不错，也应当给予其奖学金进行鼓励，作为其在创新创业方面取得成绩的奖励。目前，国家重视在教育方面的投入，国家奖学金的数额比较大，很多高校主要是根据学生的成绩和家庭条件进行判定，这种方式主要考虑的是优先照顾家庭经济条件不好的大学生，同时要考虑到创新创业能力比较强的学生。因此，学校要不断建立完善的奖学金发放制度，可以与企业进行合作，引入企业奖学金制度，以更好地利用社会资源帮助大学生开展创新创业活动。

（二）完善大学生创新创业实践锻炼的激励机制

激励机制的设定，除了奖学金，还应该根据实际情况，制定有利于大学生创新创业实践锻炼的激励机制，激发学生参与创新活动的兴趣。因此，高校需要重视理论与实践

的结合，更好地推动教学质量的提升。要做好这一工作，其前提就要重视创新创业实践积累，鼓励大学生在实习或者实训中积累经验，不断完善管理实践课程。具体的实训过程中，可以采用分组学习的方式，将学生分为多个小组，每个小组提出自身的想法，为创业活动做好准备工作，并进行企业的模拟发展和运行，让学生做好资金的规划，并对具体的创业项目进行科学的分析，了解其可行性，从而更好地创建良好的创新创业工作环境。

（三）加强做好创新创业教育宣传工作

高校教育教学实践中，需要将创业和创新发展作为重要的两个方面。新的发展时期，可以借助现代信息技术和新媒体宣传手段开展创新创业宣传工作，可以借助校园广播、网络平台等宣传国家对大学生创业的优惠政策，宣传社会和经济发展的现状。另外，也可以对一些典型的创业成功故事等进行报道，使创新创业工作成为大学生的共识，为创新创业教育的开展创建良好的环境。

四、激励机制在高校创新创业教育中的应用效能分析

（一）以训促学，推动校园创业的热潮

近些年，在一些高校领导的大力支持下，学校积极开设创业班，培养出了很多优秀的人才，创业班根据学生的兴趣，通过自我报名或者是测试选拔等，通过体能训练、素质拓展等，让大学生系统化地掌握创业的基本知识，让学生加强对创业的了解，并通过体验创业、模拟创业等，引导学生到企业中参观考察，不断激发学生的创业热情。创业班也取得了一定的成就，得到了一定程度的推广。

（二）以赛促学苦创业大赛的推进

当前社会和企业、学校积极响应国家号召，举行了多种类型的大学生项目大赛，很多学校认识到了以赛促学、以赛促教的重要性，鼓励大学生积极参与各类创新创业竞赛，通过比赛找到自身知识的不足，还有很多学生在大赛中培养出其对创新创业的兴趣。

（三）校企合作推进发展初见成效

目前，高校积极加强与企业联合办学，推动了高校创新创业教育的开展，在政府、企业和高校的带动下发挥各自的作用，重视大学生的主体地位，引导学生培养自己的创新精神和创业意识。在校企合作办学模式下，在一定程度上提升了大学生的实践能力，促进了创新创业活动的开展。

综上所述，新的发展时期，在"大众创业、万众创新"的形势下，高校要重视激励机制的作用，认识到在高校创新创业活动中激励机制建设的意义。未来的发展中，高校要革新理念，加强对创新创业的认识，加大宣传的力度，营造浓厚的氛围，普及创新创业精神，发挥激励机制在高校创新创业发展中的作用。

第六节　"微媒体"的高校创新创业课程教学模式与应用

基于"微媒体"的高校创新创业课程是一种围绕着学生创新创业这个主题，在课堂学习、研究性学习或社会创新创业课程活动中通过"微媒体"开展的具有一定教育目的和科普意义的综合性、群体性创新创业课程活动。基于"微媒体"的高校创新创业课程是按照高校的培养目标，有组织、有计划、有目的地引导大学生深入实际、深入社会、深入生活，开展创新与创业，这是培养大学生创新思维、创业精神、创业能力的最好途径。

一、高校创新创业课程教学改革的重要性

了解大学生开展和参与创新创业课程的情况，把握高校创新创业课程的方向，总结培养创新型人才的经验，探索创新大学生人才培养模式。这对推进高校创新型人才培养工程，乃至社会主义事业合格建设者与可靠接班人的培养都具有重要的现实意义和深远的历史意义。

基于"微媒体"的高校创新创业课程在繁荣校园文化、培养创新型人才，推动技术创新等方面日益发挥着重要作用。大学生教育要立足现状，掌握基于"微媒体"的高校创新创业课程规律；把握特征，拓展创新创业课程教育内涵；着眼未来，创新基于"微媒体"的高校创新创业课程内容与载体；完善机制，构建新的教育教学模式；提升功能，建立稳定的多元合作模式。

二、"微媒体"高校创新创业课程教学的基本原则

其一，以服务社会为主旨。马克思曾指出：人们的意识随其生活条件、社会关系与社会存在的改变而改变。教育理念决定基于"微媒体"的高校创新创业课程的方向和态势，对基于"微媒体"的高校创新创业课程其他要素起着制约和引导作用。高校要以理念为先导，带动和促进高校创新创业课程内容、创新创业课程方法的全面创新。高校创新创业课程意识由"信念"和"意志"向"行为习惯"转化，不再满足于单一的生产劳动创新创业课程形式，不断寻求从"感知"到"参与"创新创业课程，再到在服务社会的过程中增强责任意识和奉献行为，力求适应社会需求，为社会经济服务。

其二，拓展创新创业课程教育内涵。通过生动鲜活的基于"微媒体"的高校创新创业课程不断发展和提升育人理念。高校创新创业课程的理念回应着时代的诉求、凸显着时代的特征，在不断创新中焕发着生机和活力。高校创新创业课程要解放思想、实事求

是、与时俱进，用时代的要求审视面临的新形势和新任务，并相应的进行改革和创新，不断丰富和完善，达到教育效果，实现教育目标。以鲜明的问题意识、突出的主体意识、深层的学科整合为切入点，推动基于"微媒体"的高校创新创业课程创新发展，是准确把握基于"微媒体"的高校创新创业课程时代特征的关键所在。高校要立足创新创业课程中出现的崭新课题和遇到的重大问题，特别是要立足现代科学技术产生、发展、变化的实际，积极探索育人范式的转变，不断在与时俱进中进行创新。基于"微媒体"的高校创新创业课程的理念要不断创新，赋予新的时代内涵，并将其作为构成现代教育体系的重要组成部分。

三、高校创新创业课程教学的实施途径

其一，全方位引导和管理，创新创业课程活动载体。把握新时期基于"微媒体"的高校创新创业课程规律，创设与完善活动载体。在基于"微媒体"的高校创新创业课程中，大学生广泛参与其中，他们的兴趣、爱好以及相关能力可以得到充分发展，活动有助于大学生道德认知与判断能力的形成；有助于大学生探索精神、自主意识与协作精神的培养；有助于大学生同辈伙伴之间的互动互助，推动个体的健康成长。

把握好大学生发展规律，促进基于"微媒体"的高校创新创业课程顺利开展。在建立高校创新创业节、高校创新创业课程基地、高校创新创业课程基金的同时，从大学生凸显自我、务实理性、喜欢冒险、张扬个性等个性诉求出发，创新基于"微媒体"的高校创新创业课程的载体，丰富基于"微媒体"的高校创新创业课程的内容，使得基于"微媒体"的高校创新创业课程能够把握时代脉搏。传统高校创新创业节一般以普及科学知识、培养科学兴趣、交流科研心得为目的，以创新创业讲座与创新创业沙龙、校园创新创业竞赛等为基本形式，这种活动形式虽然可以做到规模化、制度化和长期性，但往往大学生参与度不高。各类高校都应从大学生心理需求和喜好出发，开展诸如动漫手机设计大赛、个性网页秀、微信微博设计比赛等一系列形式新颖、内容丰富的创新创业活动，

从而吸引大学生的眼球。

高校创新创业社团是高校创新创业课程的重要载体，是第一课堂的补充和延伸，是大学生自我管理、自我教育和自我服务的重要平台。创新创业型大学生社团的兴趣性和专业性可以寓教于乐，激烈的思想交锋、精彩的创新创业争辩往往能够催生更多更好的创新创业成果。社团的结成多数是因为有共同的兴趣爱好，加上相对自由松散的管理环境，为越来越多的大学生所接受。大学生社团活动改变了课堂教学形式上的主客体关系，使大学生变被动为主动，有益于大学生通过广泛的渠道来锻炼才干、增长知识、活跃思想、启迪思维、调节情绪、发展个性、实现价值，促进其全面素质的提高。因此，加强对大学生社团的引导和管理，是创新高校创新创业课程载体形式的有益探索和一个发展方向。

其二，革新教育教学方法，完善组织实施体系。深化高等教育改革，构建新的教育教学模式是基于"微媒体"的高校创新创业课程长远发展的必然选择。切实改革教学计划，处理好第一课堂与第二课堂之间的关系。将高校创新创业课程纳入正常的教学轨道，作为培养学生创新素质的主要环节。高校应调整课程体系，压缩理论教学的学时数，要求教师在教学中更多地给学生传授新知识、新信息、新技术，培养学生发现问题、分析问题和解决问题的能力，做到素质培养与课堂教学紧密结合。通过"隐形课程"和各种创新创业活动，发挥和提高大学生的想象力与创造力，培养和提高大学生的综合素质。

切实做好教师的指导工作，建立基于"微媒体"的高校创新创业课程指导专家库。据调查结果显示，39%的大学生认为参与基于"微媒体"的高校创新创业课程遇到最大的困难是无人指导，这在被调查的选项中排第一位。不少大学生因为找不到指导老师，事先准备的作品要么无法应用，要么只能找到"挂名"指导老师，教学质量不高。高校应由大学生院、教学处、校团委、学工处、科研处、人事处、财务处等多部门配合建立基于"微媒体"的高校创新创业课程指导专家库，制定和完善高校创新创业课程指导老师聘任办法和奖励办法，配套相应的项目基金，从政策、物质等方面保证"入库"专家的积极性，保证指导工作的连续性和科学性。

完善组织实施体系，发挥各部门的联动作用。具体而言，建立由大学生院、教务处、科研处、学工处与校团委组成的组织实施体系。首先，教务处通过计算教学工作量、教学奖评定、职称评定等措施调动教师积极性，吸引更多老师支持、参与基于"微媒体"的高校创新创业课程，将大学生参与创新创业活动情况纳入考察范围。其次，科研处列出各学科前沿选题指南，引导教师、大学生课外科研选题紧扣创新创业前沿，使科研活动符合创新创业发展需求，解决现实问题；运用科研网络项目管理系统对高校创新创业课程项目进行管理，包括立项申报、成果提交、作品评审等工作。最后，大学生院、学工处和校团委科学组织、广泛动员，精心设计组织好定期的创新创业活动和基于"微媒体"的高校创新创业课程，搭建创新服务平台，突出大学生的主动性，推动创新创业活动蓬勃发展，促进大学生综合素质的全面提高。

其三，整合各种资源，建立多元合作培育模式。建立多样化合作培育模式，提升基于"微媒体"的高校创新创业课程的教育功能是一项重要的、富于挑战性的工作。开展基于"微媒体"的高校创新创业课程旨在培养大学生创新能力、提高大学生综合素质，为大学生更好地成长成才服务，培养更多创新型人才。

立足大学生就业创业实际发展需要，整合各种资源。从开展基于"微媒体"的高校创新创业课程的现状出发，高校进一步解放思想，创新工作内容和形式，适应大学生需求，增强基于"微媒体"的高校创新创业课程的吸引力和凝聚力，实行"走出去，引进来"战略，广泛开展合作，通过多家企业共同参与的校企合作委员会模式，为高校创新创业课程赢得稳定的技术支持。不断提升基于"微媒体"的高校创新创业课程功能，更好地服务于创新型社会建设。

基于"微媒体"的高校创新创业课程可放眼政府关怀和企业的大力支持。校企合作委员会的建立、运行、充实过程是高校与企业、行业协会、政府部门等资源共享、联系对话的过程，从而使得各方利益获得最大满足，实现科学发展。就基本操作形式而言，一方面，建设校企高校创新创业课程基地。通过合作委员会，学校与政府、企业一起在校内外共建企业高校创新创业课程基地。通过实行会员制，支持和保证会员的创新创业工作，解决大学生从事创新创业活动的资金问题，为高校提供高校创新创业活动专项资金支持，解决部分高校无力设立高校创新创业科研专项基金的难题；另一方面，企业通过积极参与高校创新创业课程，在培养和宣传企业文化的同时，有效地降低大学生的就业成本，实现学生、学校和企业的共赢。

多方共同合作催生大学生兴趣社团。大学生兴趣社团特别是创新创业类型社团是基于"微媒体"的高校创新创业课程中的重要组成部分，也是高校创新创业课程成果的重要"生产商"。校企合作委员会利用组织优势和资源，组织有共同兴趣爱好的大学生与企业深入接触，使得大学生在与企业人员的交流和生产创新创业课程中，产生共同的目标、想法和创新灵感，从而结成社团或团队。这些社团、团队实际上就是企业管理和生产的难题攻关小组，从解决企业具体的生产和管理问题入手，找出解决方案和技术改进措施，从而引导创新要素向企业集聚，促进科研成果向现实生产力转化，推进国家创新体系建设，提升国家创新能力。

开发和运用创新创业资本，通过引导运用创新创业资本，提高高校创新创业适应能力和生存能力。一方面，加强高校创新创业理论教育，对大学生和创新创业团队进行专题辅导，引导大学生正确对待和运用创新创业资本；另一方面，高校要积极帮助大学生建立创新创业资本管理运行体系，为高校创新创业科研活动搭建好平台，营造良好的外部环境。

第五章 高校创新创业教育资源概述

第一节 高校创新创业教育的教学资源开发

教学资源在高等学校的学科建设、专业改造中具有举足轻重的地位。随着高校招生规模的扩大，教学资源的合理配置成为高等学校生存和发展的决定因素。通过开展创新创业教育教学资源的开发研究，逐渐厘清相关概念的内涵和外延，可以丰富创新创业教育的教育理论；立足整合校内教学资源，开发校外教学资源，实现校与校、校与企业强强联合、资源共享，可以为各高等院校建立基于创新创业能力的教育教学资源开发研究提供成功范式。当前尚且无人以创新创业教育教学为基础，对创新创业教育教学资源进行整合。因此，探求其配置机制，对教育学和管理学进行有效嫁接，具有开创性的意义。

一、高校创新创业教育的发展现状分析

创新创业教育属于近年来我国高校教育新的研究课题，是一种新的教育理念。创新创业教育作为普通高校的基本实施策略应具备同其他研究对象一致的问题，如内涵的界定、研究对象的界定、课程设置情况及具体实施对策等。"创业教育"这一概念是1989年联合国教科文组织在北京召开的"面向21世纪教育发展趋势国际研讨会"上第一次被提出来的，在我国是一个全新的概念，主要是指事业心及开拓技能的教育。此概念在1995年被联合国教科文组织具体完整地阐述出来，内容涉及求职就业和创设新的就业岗位两项内容，将培养学生的创业精神和创业技能作为高校教育的基本目标。

1999 年教育部制订《面向 21 世纪教育振兴行动计划》，对创业教育做出了部署，拉开了我国高校实施创业教育的序幕。具体包括以下几个方面的内容：一是关于在中国开展创业教育的重要意义的研究；二是创业教育与创新教育素质教育的关系问题研究；三是创业教育与创业的关系研究；四是创业教育的国际比较研究；五是创业教育的模式、方法研究；六是创业教育在高校开设的课程体系研究等等。2006 年 4 月在天津经济技术开发区召开了以"创新、创业管理与创业教育"为主题的"创业研究与教育国际研讨会"。同年 9 月，在北京国际饭店召开了"中美创业教育交流圆桌会"，清华大学等 7 所大学成为"大学生 KAB 创业教育项目"首批试点开课院校。

二、高校创新创业教育教学资源开发的内容

教育教学资源是指各级各类学校用于维持教育活动正常运行和维护教育事业不断发展的一切资源，包括各种有形资源和无形资源。创新创业教育教学资源有广义和狭义之分：教育教学资源是指用于教育活动的人力、物力、财力等资源的总称，是人类进行教育活动的物质基础。教学资源研究内容包括创新创业教学资源定义和内涵的界定；利用和挖掘多学科的教学资源，即通过现代统计学的方法，构建创新创业教育的学科系统资源；创建学校和社会教师资源系统；创建课堂教学资源整合系统；创建整合实践教学资源系统。其主要观点可以概括为六个结合、三个环节和一个整合：

（一）六个结合

第一，将校内与创业教育有关的学科专家资源整合起来，挖掘学校教师资源。高校教师拥有丰富的创业教育知识和实践经验，这无疑是高校创业教育最宝贵的资源。这些师资力量要集中整合，将师资力量发挥最大作用。第二，将校内专业教师和校外企业家结合起来，形成联合授课资源共享与互补的教师团队。高校创新创业教育要重视理论和实践的平衡发展，高校内的教师会提供给学生充足的理论知识。在教授理论课程时，校

内教师是最基本的授课资源，而是校外的企业家拥有丰富的就业创业实践经验，在创业教育方面更具有发言权，他们的授课方式会让学生更容易吸收和接受，也会给学生带来全新的课程体验。第三，创建校内模拟创业实验与到企业实践结合起来，充分利用开发校内有形资源和校外企业资源，以弥补高校创业硬件的不足。将创业理论与创业实践结合起来，即注重理论的系统梳理，更重视实践环节，创建学生创业培训基地，组织学生创建微型公司等。创建模拟实验与到企业实践锻炼是对学生创业能力的两个阶段的培训。建立实践基地平台是让学生在学习理论知识后能充分利用实践来巩固所学，加深理解，而学校内部资源毕竟有限，模拟实践平台不能完全复制出社会创业实践的情景，所以到校外企业去实践就可以弥补高校资源不足，可以深层次地让学生得到实践锻炼。第四，将教师的讲授与企业家、创业者的演讲结合起来。高校的创新创业教育形式要多样化，不仅要有教师的课程教授，也要有相应的企业家和创业者的一些报告会和演讲。报告和演讲是最能激发学生创业意识、创业激情和接收到新鲜创业知识的一个课外平台。将教师的普通授课和校外企业家的演讲及报告相结合，多种形式让学生接受创业教育的培养，从而充分利用校内校外的资源。第五，将提高学生的创业能力、创业技能与培养学生的创新精神，提升学生的整体素质结合起来。高校学生创业综合素质包括创业能力、专业实践能力、创业技能这样的"硬性"指标，同样包括创业意识、心理素质、道德品质等的"软性"指标，只有综合素质得到提升，学生的创业能力才能得到真正意义上的提升，自身的创业竞争力才会增加。第六，将经济学、成功学、管理学、心理学与创业教育结合起来，注重学生"理商"（抗挫折能力）、情商的培养，激励学生个人潜能的发挥，最大限度地激活学生的创造力。学生创造力和创新思维的培养不是一日就能促成的，要在平时的培养教育过程中潜移默化地培养学生的抗压能力，高情商和激发大学生的潜能，培养学生创造性思维，整合学校跨学科的教学资源。

（二）三个环节

第一，强化教育环节的资源开发。教育学生，职业、择业、创业是相互联系的，只有大学生树立了正确的择业观念，才能有助于自己职业能力的培养，才能知道自己能干什么，该干什么，如何塑造和培养自己。教育环节就是不仅要对学生进行创业能力的培养，还要对大学生观念行为上做出指导。大学生创业观念的形成是创业教育运行的重要环节，就业、创业是供大学生选择的平等机会，要培养学生对职业选择有深刻的认识和了解。通过这一环节，充分发掘丰富学校的教育功能资源。第二，强化教学环节资源的开发。逐步将教学内容系统化，同时采用大学生喜闻乐见的讲授方式，在课堂上不仅要实行双导师制，而且积极组织课堂讨论、实际模拟、辩论等方式，使教学环节发挥创业教育主渠道的作用。同时，教学环节的资源开发要重视课程体系建设和教学组织体系的建设，完善和构建高校创业教育课程体系，建立创业教育基础理论课程、核心理论课程、实训课程、模拟实践课程及创业教育赛事指导等课程和创业拓展课程体系。对现有大学生创业教育课程增加课时，不依托各校大学生就业指导课，要自成体系，单独排课。创业教材要与时俱进，实用、科学，由浅入深，通俗易懂。创业教育要贯穿学生大学生涯始末，根据不同年级、不同专业开设创业基础课和核心课、创业拓展课和实训课等，每个年级开设课程有所不同和侧重。第三，实践（课余）环节的资源开发。注重利用课余时间，追踪学生的思想行为轨迹，举行如头脑风暴、各类大赛、名人成功访谈等活动，让学生在课余时间消化理解和实践课堂所学的知识。

（三）一个整合

将学校和社会的有形与无形教学资源统统整合在一起，形成创新创业教育教学资源系统，创立高校创业教育的教育养成模式。创业教育重在将理论与实践相结合。创业资源的开发必须是"软硬"教学资源的结合，必须是校内校外的教学资源的结合。研究高校创新创业教育的教学资源开发是在根据高校创新创业教育教学资源的实际情况，对高校创新创业教育教学资源进行系统详细的深入研究，以便对现有的教学资源进行系统整合，并在整合的基础上进一步对教学资源进行探究式开发，以使创新创业教育教学资源能够广泛地被高校发掘。对高校创新创业教育教学资源的整合和开发目的是有利于高校对创新创业教育教学资源达到合理有效地利用，从而为推动高校创新创业教育的发展做出一定的贡献。创业教育资源整合是服务创业教育的一项活动，资源整合的总体目标就是充分挖掘高校内外一切可以利用的教育资源，将其纳入创业教育体系中，从而对资源进行科学整合、配置，优化重组，以实现资源的最大效益。创业教育资源的整合应该紧紧围绕创业教育发展的需要。根据开展教育时间的递进性，首先，要整合文化资源，营造创新创业的校园文化氛围，激起学生创新创业的激情和热情；其次，要整合课堂教学资源，为学生创业奠定知识基础；最后，整合实践资源，使学生获得运用知识、解决实际问题的机会，提高学生对创业行为的认识和驾驭能力。

三、高校创新创业教育教学资源开发的实施对策

目前我国高校创新创业教育的教学资源研究目前还处于初级阶段，尤其是在以高校创新创业教育为背景下，研究教学资源开发更是具有开创性，不能局限于传统的研究方法和框架，需要有创新的观点和独特的研究视角为高校开展创业教育和创新创业教学资源开发提供借鉴。

（一）创新创业教学资源的研究方法、思路和内容

结合当前国际教育前沿理论，运用科学计量学中的可视化技术，对高校创新创业教育资源开发的相关学科、相关创业教学资源进行整合和开发。将高校创业教学资源的外延与内涵进一步丰富和完善，强化学科的整合、师资的整合、教学"软硬"资源的整合、校内与校外的整合。其研究思路、研究方法、技术路线和实施步骤大致可分为四个部分：

一是教师资源的开发；二是教学环节的资源开发，包括课堂教学环节上各相关学科资源整合的开发；三是教学实践环节的资源开发；四是思想观念教育环境氛围的开发。四个部分内容是相互作用、互为影响，这样整合的结果可以实现高校创新创业教育的教学资源的有效开发与充分利用。

（二）创新创业教育教学资源开发的课程体系建设

课程设置是创业教育教学改革的重要步骤，也是基础性建设目标。课程设置是否合理可以影响到教学资源是否可以得到充分利用。高校应合理安排创业教育的课程设置，将一切与创业教育有关的教学资源充分调动起来，灵活应用于教学之中。课程体系的建设要特别重视创业教育的理论性课程和实践性课程的有机结合，不能让理论和实践不平衡的发展，且同时要注意协调课程设置中文理课程的比例，为了使学生得到充足的综合教育发展。课程设置要使创业教学、教学科研、创业能力和综合素质平衡发展。创新创业教育一定是要区别于传统教育模式，课程设置一定要突出实践课程的重要性。广泛建立实践平台，让大学生在接受理论教育之后有充足的平台来用实践证明所学知识，用实践证明理论，用理论指导实践，再通过实践获取新的理论。

（三）创新创业教育教学资源开发的师资团队建设

高校创业资源的共享首先应是创业师资队伍的资源共享，通过鼓励教师跨校互聘、跨校兼课，能充分发挥各校创业教育学科名师的优势。高校创新创业教育需要破旧立新，与时俱进，不能完全被传统教学模式所约束和束缚。创业师资是高校创业教育实施的主体，他们直接接触学生，直接对学生产生创业影响和作用，这也就是能对学生产生创业效果的最宝贵师资资源。创业教师和创业师资团队建设的好坏在高校创业教育中的作用是显而易见的，他们对学生讲什么、怎么讲，采取何种方式讲，怎么带学生开展创业实训、实践，怎么指导学生创业设计、参加创业大赛，甚至他们在课上课下的人生观和价值观也会通过言传身教，潜移默化地影响到学生。所以良好的创业师资团队对创新创业教育教学资源的开发有着十分重要的作用。需要注意的是，在创新创业教育教学资源开发的师资团队建设中，学校要加强创业师资队伍的建设质量，无论引进还是本校培养，既要注重创业师资具有丰富的专业知识和实践技能，又要注重年龄、资历、学缘结构、职称等多项要素，要综合考量，特别要注重创业师资对大学生的创业意识和企业家精神培养。

（四）合理整合和开发创业教育教学资源

高校创业教学资源是否能被充分利用，关键是看高校教学资源能否被整合并提高利用效率。整合高校创业教学资源可以避免资源的浪费，调整资源系统不平衡，紧紧围绕创业教育的需要，文化资源、教学资源和实践资源共同整合，创造有利于创业教育发展的文化氛围和教学秩序的实践平台。不仅高校内部的资源要整合，高校之间的资源同样要整合和共享。打破高校教学资源流通的壁垒，开放相关数据信息，共建共享高校优质教学资源。

高校创新创业教育的教学资源开发要重视理论与实践相结合，结合自身特点和优点，充分对教学资源进行整合和再发掘。加强信息资源平台建设，使创业教育信息资源得到充分利用。高校需要对创业教育的资金筹措和合理利用进行严格规划，高校的师资质量也需要高校的严格把关。师资是教学资源的基础，组建有专业实力又具备优秀全面素质的教师团队，对高校的创新创业教育来说是最宝贵的资源和财富。

综上所述，高校创新创业教育的教学资源开发需要高校内部各部门齐力配合，将现有资源充分整合，并不断扩展资源，将社会资源和校外资源等高校创业教育中亟须的资源吸纳到高校之中为高校创业教育所用。只有高校创新创业教育教学资源开发问题得到彻底解决，高校的创新创业教育才能顺利发展。

第二节　校友资源整合下高校创新创业教育师资建设

自全面实施创新创业教育以来，各级政府对创新创业教育的重视程度与日俱增，并将其列为促进我国经济增长的"双引擎"之一，先后出台一系列政策扶持和引导高校创新创业教育发展。各高校高度重视创新创业教育，虽然取得了一些成绩，但日益增长的创新创业理论和实践指导需求，与创新创业导师队伍在导师数量、专业水平、实践经验等方面存在的不足之间的矛盾，逐渐成为制约高校创新创业教育发展的重要因素之一。

当前，高校创新创业教育师资队伍中绝大多数是高校本校教师，存在创新创业教育专业教师数量较少、专业水平参差不齐、教师实践经验不足、教育教学模式单一等问题。创新创业导师对开展大学生创新创业教育具有十分重要的意义，他们不仅是创新创业知识的传播者，还是学生创新创业成功的护航者。高校具有丰富的校友资源，他们中有大量的创新创业成功者和引领者，本章从校友资源角度出发，研究校友资源在高校创新创业教育师资中的作用。

一、校友资源和创新创业师资队伍的内涵

创新创业教育就是要培养最具有开创性的人才，既包括首创精神、冒险精神、创业能力、独立工作能力，以及技术、社交和管理技能的培养，也指一种以培养具有创业能力与素养的人才为基本目标与方向的新兴教育模式。从某种意义上讲，创新创业教育的本质为实践性教育，重在培养符合时代要求、社会需要的应用型人才。高校中大批优秀的创业校友正是这一教育模式最具影响力的代言人。创新创业导师是实践性教育的开拓者、人才培养的奠基者。

（一）创新创业导师

创新创业导师是指能为高校学生、在孵项目、企业、自创业者提供导向性、专业性、针对性、实践性指导的教师。本章认为，创新创业导师有两重身份，分为"导"和"师"。"师"则是教师，启蒙受教育者心中的"创新种子"，努力将学生培养成"三创型"人才，即具备"创新意识、创新素质、创新精神"的创新型青年，并向大学生讲授创新创业理论知识。"导"则是引路人，为心中有创业想法的学生传授实践经验、教授管理和决策技能，提供适当的建议和思维方式，并在学生创新创业过程中进行方向引导，最终帮助学生将创新想法转化成创业行动。因此，建设一支高水平、多元化的创新创业师资队伍是深化高校创新创业教育改革的有力保障。

（二）校友资源

校友资源作为高校特有的人才资源，是高校毕业生的价值总和，包括人力、智力、财力、社会关系等宝贵资源。优秀校友是高校培养出的高素质、高修养的人才，可在高校师资队伍优化、学生思想素质提升等方面发挥重要作用，他们将成为新时期高校创新创业教育师资队伍中的新鲜血液，是高校创新创业教育师资队伍的重要组成部分。

二、校友资源融入高校创新创业教育师资队伍的意义

校友资源是高校得天独厚的一笔人才资源，也是高校创新创业教育师资队伍中坚实的力量。将校友资源引入高校育人过程，并整合到创新创业教育师资队伍建设中，对激发高校学生创新创业热情、提升创新创业师资队伍整体水平以及推动高校创新创业教育发展具有重要意义。

（一）有利于拓展高校大学生创新创业思维的广度、深度和高度

开展大学生创新创业教育的目的就是培养大学生创新思维。创新思维的深度引领创新的高度，创新的高度决定创业项目的核心竞争力。创新思维具有可塑性，可通过后天学习和训练在原基础上进行提高。对"创客"而言，创新思维就是他们创新创业过程中的必备武器。高校创业校友经过多年的商业历练，有着丰富的企业实践经历，他们自身的创业经验和实践优势可帮助在校大学生拓宽创新视野、拓展思维广度、深度和高度，这是高校大学生创新思维培养最具说服力的师资。

（二）有利于提升高校创新创业教育师资队伍质量

卓越的创新创业师资队伍是创新创业教育顺利开展的关键，是创新型、创业型人才成功培养的重要保障。目前国内高校创新创业导师绝大部分为本校教师，普遍缺乏创业实践经验，且无有效渠道及时掌握社会市场变化信息，这两方面的不足一直是制约高校创新创业教育快速发展的重要因素之一。高校拥有众多优秀的创业校友，他们所掌握的市场信息和创业实践经历是高校校内教师无法比拟的，如能吸引创业校友来校担任创新创业导师，不仅有利于优化高校创新创业教育师资队伍结构，提升创新创业师资队伍水平，而且有利于促进"产学研校企"合作，推动母校与校友的共同进步和发展。

（三）有利于推动高校创新创业教育的快速发展

高校创新创业教育的目的之一在于激发大学生的创新创业热情、培养大学生的创新思维，解决大学生就业难的问题。将校友资源融入高校创新创业教育将有利于推动高校创新创业教育的快速发展，提高创新创业教育质量。优秀创业校友的事业成就和品德修养等是在校大学生学习的榜样，对学生的学习成长具有巨大鼓舞和榜样示范作用。目前许多优秀校友纷纷在母校设置创新创业种子基金，帮助和支持大学生开展创新创业实践，

这既可调动在校大学生的创新创业积极性，又可帮助大学生实现从"创新思考"到"创业实践"的跨越。

三、校友资源整合下创新创业教育师资队伍建设的建议

2015 年，国务院办公厅印发《关于深化高等学校创新创业教育改革的实施意见》明确指出，要深化高校创新创业教育改革，加强创新创业教师队伍建设，打造一支创业教学和指导、专职和兼职、理论和实践、校内和校外结合，具有较高素质和较优结构的创新创业教师队伍。

（一）遴选优秀校友导师，优化师资队伍

创新创业导师是深化创新创业教育改革的主导力量，打造一支卓越的创新创业师资队伍应从"双创"导师遴选开始。高校应建立健全高校"双创"导师遴选制度，用"严制度、出高师"遴选要求和"大视野"原则，将知名科学家、创业企业家、优秀校友、风险投资者、政府部门高管等各行各业的人才纳入遴选范围，遴选出符合本校创新创业教育实际发展需求的优秀"双创"导师。

（二）开展"双创"教育培训，提升师资水平

好的创新创业项目不仅要有创新性、新颖性，更要有社会价值。然而，社会的发展需求是瞬息万变的，创新创业导师唯有及时跟上社会发展变化的步伐，才能保证授课时分析的案例、引入的想法足够新颖，同时对学生创新创业项目的指导也更高效、更具时代感。高校应定期组织创新创业师资培训班，邀请国内外知名专家授课讲学，让"双创"导师接受最新的创新创业理念和知识；支持鼓励"双创"导师参加 KAB 创业教育师资培训；开展"创业讲堂""创业俱乐部""创业学堂"等交流活动，组织校内外"双创"导师经验交流会，共同建设专兼职"双创"导师精品课程，促进创新创业教育理论与实

践结合，提升创新创业教育师资水平。

（三）搭建"双创"孵化平台，完善工作机制

高校作为创新创业教育的主体，应积极搭建一个集政策扶持、创业指导、创业培训和综合服务为一体的大学生创业孵化服务线上线下互联互通平台，探索"高校建立创容空间、企业设立种子基金、学生孵化项目"的"双创"孵化模式；制订大学生创新创业训练计划方案，鼓励开展创新创业训练与实践，增强大学生创新创业实践能力，积极培育创新创业市场项目；出台创新创业教育管理和激励办法，激发高校专兼"双创"导师的创新活力和创业热情，探索建立高校"双创"专兼职导师双向流动的机制；制定孵化平台项目成果优先转让、优先共享等科技成果转化优惠措施，吸引更多校友企业在高校设立创新基金。

（四）挖掘校友"双创"资源，促进共建共赢

校友资源不仅是高校巨大的品牌资源、信息资源、财力资源，更是高校重要的教育资源、就业资源、"双创"资源。近年来，各高校越来越重视校友资源的开发和利用，越来越多的创业校友积极参与高校的创新创业教育。高校应充分发挥党建在思想方位引领、教学内容创新、优秀师资整合方面的优势，建立健全校友资源管理制度和校友工作运行机制，鼓励支持校友企业在母校设立创新创业教育基金或实验班，构建校企协同育人机制，探索开展校企合作人才多元化协同培养模式；母校将校友企业作为创新创业教育示范基地，支持深化产教融合，构建创新创业链联盟体，促进创新创业成果转化，实现共建共赢。

总之，新时代催生新力量，新需求催生新智慧。校友资源是高校巨大的潜在资源，是高校在这个科技时代实现可持续发展的新力量。充分发挥校友资源作用，吸引更多毕业校友参与高校创新创业教育，不仅有利于校友与母校间的情感维系，而且有利于提升

高校创新创业教育师资队伍水平，加快推进高校创新创业教育事业发展。

第三节　"大众创业、万众创新"与高校创新创业教育资源

一、优化配置创新创业教育资源的意义与研究现状

目前，我国高校毕业生就业压力较重，创业需求虽然较高，但高校毕业生在创业过程中缺乏实践经验支撑，这对高校创新创业教育提出了更高要求。如果大学生及其他创业者能在高校接受系统、全面、实用的创新创业教育，必将有利于促进其创新创业活动的开展。高校要优化配置教育资源，提升高校教育资源使用效率，推动社会资源参与高校创新创业教育，提高大学生创新创业的理论素养和实践能力，推动"大众创业、万众创新"。

开展高校创新创业教育是解决大学生就业难的重要途径，通过提升大学生的创新意识和创业能力，可以使高校毕业生更好应对就业挑战和工作压力，有利于推进大学生创业就业工作的开展，提高大学生创业成功率。

当前，对优化配置高校教育资源的研究非常丰富，国内学者从高校教育资源配置的概念、资源配置方式、存在问题及应对措施等方面，对不同地区、不同时期、不同学科范围的教育资源优化配置问题进行了系统研究。还有学者从高校在创新创业中的优势与劣势、校内创新创业网络资源整合和平台建设等方面进行了研究。

二、高校创新创业教育资源及其优化配置

高校教育资源不仅包括高等教育投入的人力、物力、财力等有形资源，还包括与之相匹配的知识和理念、信息和管理制度、技术和文化传统等隐性资源。高校创新创业教

育资源是否得到了有效配置，既包括显性的硬件资源是否得到优化配置，也包括隐性的资源是否协调一致。

在高校教育资源配置过程中，市场和政府各自发挥着重要作用，而对市场和政府哪一方在高校教育资源配置中起主导作用一直存在争论，其实质就是教育资源配置的效率和公平之间的权衡问题。人们普遍认为，基础教育、义务教育领域应该更加注重公平；而在高校创新创业教育等非基础教育的某些领域，可以把效率放在更高的位置。高校开展创新创业教育的目的有两个，一是培养大学生的创新意识，二是推动大学生创业就业。对此，创新创业教育作为通识课应该重视公平，而作为实践课应该更重视效率，更加重视市场因素对创新创业实践教育资源配置的作用。

高校创新创业教育应该包括创新意识、理论教育和创业实践教育两个方面，前者可通过传统的讲授方式传达理论知识、启发创新意识；后者则需要校内外教师、企业家、专业培训师等，通过寓教于行的方式，用案例教学、经验交流分享、沙盘模拟演练、角色扮演等方式，在校内或实践实训基地开展，最好通过创办真实的企业、建设大学生创业园进行。创业实践课课堂应该模拟出真实的创业环境，让学生在实践过程中体会、感受、探索，增长创新创业素质和能力。可以说，高校创业实践教育对师资和教学场地等硬件设施都提出了新的更高的要求。

（一）高校创新创业教育师资资源的优化配置

教师是高校创新创业教育隐性资源的重要组成因素。高校创新创业教育的教师资源主要来自校内教师和校外企业家，前者侧重理论教育，后者侧重实践训练。其中，校外企业家的选拔聘任、考核评估、监督管理等，需要投入相应的人力、物力和财力，为使这部分投入不挤占有限的高校教育资源，就需要通过市场途径加以调节。高校创新创业实践教育中的教师资源配置效率是检验校外资源利用效率的一个重要指标。对高校创新创业实践教育教师资源配置效率的监督控制，应该从产出类型、数量等方面确立考核指标。

（二）高校创新创业教育硬件设施的优化配置

当然，对创新理论教育和创业实践教育成效有直接影响的，除了教师因素，还有教室、设备等硬件设施，以及规章制度、文化理念等"软件"因素。对很多高校来说，硬件设施的配套建设，尤其是办公场地建设，在日益增加的学生人数面前总是日益紧张，许多高校很难单独开辟专门的创业教育实践场地，最常使用的方式是把创业实践教育课搬到常规课堂上，利用现有资源进行传统的课堂教学，其授课效果距离创业实践要求肯定有巨大差距。高校创新创业教育要耗费很大的人力、物力、财力，而大学教育不能像社会培训一样只重视某一个领域，即便大学分专业进行教育，也要重视学生的综合素质培养。

第六章　高校创新创业教育资源建设研究

第一节　资源整合共享与高校创新创业教育

深化创新创业教育改革是高等教育综合改革的重要领域，是国家实施创新驱动发展战略、促进经济提质增效升级的迫切需要，同时也是高校提高人才培养质量、促进毕业生更高质量就业创业的重要举措。高校内外拥有着丰富的创新创业教育资源，但是，由于缺乏对资源的整合，资源分散、闲置、低效使用等情况非常严重，制约了创新创业教育的健康发展。《国务院办公厅关于深化高等学校创新创业教育改革的实施意见》（国办发〔2015〕36 号）指出，要集聚创新创业教育要素与资源，统一领导、齐抓共管、开放合作、全员参与。2016 年 5 月，中共中央国务院印发《国家创新驱动发展战略纲要》指出，要跨区域整合创新资源，互联互通创新要素。党的十九大提出，要坚定实施创新驱动发展战略。为了完善高校创新创业教育体制机制，切实提高高校创新创业人才培养能力，高校有必要树立起资源整合共享的理念，大力推进高校创新创业教育改革，探索资源整合共享的实施路径，构建全员全过程全方位创新创业教育格局。

一、资源整合共享的内涵和主体分析

（一）资源整合共享的内涵

资源整合是指将资源进行调整和配置，以实现某种活动的过程；资源共享则是指在

不改变资源拥有方利益的前提下，减少资源重复建设，实现资源对外开放利用的过程。资源整合共享是指通过一定的政策、机制、组织、体制等方式实现资源的共建、共享、开放的资源高效配置方式。高校创新创业资源整合共享则主要强调将高校内部以及高校与政府、企业、校友等校外资源进行重组与整合，按照不同资源的服务范围以及空间联系，整合形成一种脉络分明的有机整体，使资源的配置达到或接近最优状态，实现资源分级共享的目标。高校创新创业资源整合共享本质上是为了提高高校内外部的资源利用效率，途径是通过对不同来源、不同层次、不同结构、不同功能的资源进行识别与选择、汲取与配置、激活和融合，使其形成一个有机整体，实现资源的再创造、再平衡、再分配，进而从整体上推动高校创新创业资源在创新创业教育过程中发挥最大价值。

（二）资源整合共享的主体分析

资源整合共享是一个复杂的系统，包含多个主体。从资源的来源上分类，可以分为政府资源、高校资源、社会资源等。政府资源主要包括政策资源、平台资源等。政府出台的创新创业政策包括创业扶持机制和税收政策等，都是引导高校开展创新创业教育及大学生开展创新创业活动的重要依据；政府主导建立的各类创业园区、孵化基地、双创基地等都汇聚了大量资金、人力、政策的平台资源。高校资源是高校开展创新创业教育的主要依托资源，包括创新创业课程、师资、文化、科技成果转化体系、指导服务体系、孵化体系、第二课堂等，大学生最容易获得高校资源，这类资源的整合共享对高校创新创业教育起着决定性作用。社会资源包含内容较为广泛，包括各类创新创业社会群体或组织的资源、各类企业的资源等，企业在生产经营过程中，需要将自身的资源转化为生产力，同时又需要通过资源整合共享来提高生产力。创新创业资源还有其他类别，例如，按照资源的形态可分为有形资源和无形资源，按照资源的所有权关系分为国有资源和民间资源，按照国别属性可以分为国内资源和国外资源等。

二、目前高校创新创业教育资源分配存在的问题

目前，各个高校都采取了系列措施推动创新创业教育，但是由于没有考虑到校内外资源的整合共享，尤其是校内资源的整合共享，导致各校创新创业教育模式差别较大，创新创业教育水平参差不齐，没有形成体系化、系统化的创新创业教育工作格局。各高校在创新创业资源分配中存在的普遍问题如下：

第一，高校存在创新创业教育多头管理、资源分散的问题。高校创新创业教育牵涉到学校诸多部门，如教务、学生工作、共青团、后勤、资产、校友等职能部门，学生又隶属于不同院系，使得有限的创新创业资源分散到各个部门及院系之间，导致创新创业教育资源被割裂开来。高校缺乏统一的职能部门来领导并开展创新创业教育，或者领导机制不健全，机构设置不合理，未形成科学的管理机制，职能部门之间缺乏协调，导致多头管理现象严重，教材、课程、师资、实训和实践等管理部门多，人力、财力和物力等资源缺乏统一规划，得不到有效配置，致使现有的创新创业资源不能发挥应有作用而闲置浪费。此外，高校内部职能部门之间、部门与学院之间在创新创业教育认识和工作方向上不统一，造成校内创新创业资源难以实现共享，进而造成资源失衡和浪费。

第二，高校在课程方面存在专业教育资源和创新创业教育资源分化的问题。目前，高校在教育教学过程中，主要集中于讲授专业领域相关理论知识上，较少涉及与创新创业相关的实践内容，很少从专业课程中开发出创新创业教育资源。尤其在一些理工科专业教学中，教师主要讲授书本内容，解答学生在理论学习中出现的问题，虽有教学实践环节，但是学生往往被引导按照既定方案和流程来完成教学内容，教师对学生创新创业实践指导不够，缺乏对学生创新意识和创新能力的培养，缺乏对学生启发性和探究性思维的训练，导致大学生开展创新创业实践缺少经验、技术积累。此外，受高校职称评聘、科研激励等制度的影响，资金较多的流向科研领域，导致教学领域经费不足，从专业教育资源中开发创新创业资源的成本变高，进而造成专业教育与创新创业教育脱节，专业

教育资源与创新创业教育资源分化。

第三，高校在师资和资金方面存在校内资源与社会资源分离的问题。目前制约高校创新创业教育改革的一个主要方面就是人力资源的不足，尤其是师资力量不足。高校创新创业师资缺少实践经验，高校承担创新创业课程教学的教师大多无创业、管理和经营经验，实践操作能力较低，因此，教师的授课方式也往往是"照本宣科"，无法做到理论联系实际，从而限制了学生在课程学习过程中创新创业意识的激发。社会上的创业导师具备一定的创业素养，拥有社会经验且熟悉企业经营的各个环节，在实践方面有丰富的经验，因此，校外兼职教师的缺失往往会导致学生无法获得创新创业的第一手资料，导致学生创新创业实践与市场结合不紧密，脱离实际。此外，缺少创业资金是高校大学生开展创业实践面临的主要难题之一，部分大学生开展创业实践都是自筹资金，由于缺少高校与地方政府、企业之间的合作机制，地方扶持政策、天使投资等校外资源难以被充分整合，大学生创业项目缺少专项资金投资。大学生开展创业实践缺少了资金的扶持与投入，经营和规模必然受到很大的限制。此外，由于缺乏资金支持体系，大学生即使有好的创新创业项目也难以被发现，更无法产生价值。

三、资源整合共享视角下高校创新创业教育路径分析

为破解高校创新创业教育资源分配出现的问题，高校作为开展创新创业教育的主体，有必要充分整合校内外各类创新创业资源，推动资源科学配置和优化重组，实现资源共享，使资源发挥出最大效用。在资源整合共享的过程中，要遵循创新创业教育规律，坚持开发和探索相结合、校内和校外相结合、理论与实践相结合等原则，具体可以从以下几个方面来分析：

（一）创新创业教育组织管理机构的整合共享

高校创新创业教育离不开专门的组织管理机构，如果高校内部部门之间权责不明，

相互推诿或者缺乏合作，就会造成创新创业教育难以形成合力，所以，构建集中统一领导的创新创业教育管理机构势在必行。我国一些高校都成立了创新创业教育指导委员会、创新创业学院、创业学院等创新创业教育组织管理机构，主要包括三种类型：点状结构、虚拟星型结构、星型结构。从效能来看，具有专职机构且核心节点为就业部门的星形机构覆盖面较大、效能较明显、认可度较高。创新创业教育组织管理机构要着力于整合教务处、学生处、财务处、团委、校友会等部门各类资源，协调开展创新创业教学、学生指导服务、融资、竞赛、实践平台建设等工作，保证各部门将资源集中到创新创业教育中来，使各项创新创业工作有序、高效、常态化开展，形成适应高校实际的创新创业教育资源整合共享体制机制。

（二）创新创业教育人力资源的整合共享

人力资源是制约高校创新创业教育的瓶颈之一，具体包括教师资源、学生资源以及归属于校外资源的人力资源，如校友资源、企业家资源等。面对高校师资资源不足的问题，整合共享创新创业教育人力资源显得非常重要。一要实现校内人力资源和校外人力资源的整合共享。要建立专兼结合的创新创业师资队伍，鼓励校内教师参与校外企业管理和技术革新，将理论与实践相结合，鼓励教师参加创新创业实践，积累创新创业第一手资料和经验。同时要聘请校外有丰富创新创业经历的企业家、技术和管理人员、政府和社会组织的相关人员等担任兼职教师，参与创新创业教学和实践，弥补高校师资力量不足的问题，进而实现校内外的人力资源整合共享。二要实现课内人力资源和课外人力资源的整合共享。高校除了要运用课程开展创新创业教育，还要在课外开展各类创新创业活动，而学生在创新创业活动的开展过程中起着不可估量的作用，一个创新创业成功的学生可以形成辐射效应，带动一批学生创新创业。要加强大学生创新创业社团的建设，使其成为开展创新创业活动的主体，调动学生创新创业兴趣，使课内外的各类人员都能参与到创新创业实践活动中来。三要实现国内人力资源和国外人力资源的整合共享。高校要"走出去、请进来"，加强与国外高校和机构的联系和合作，共同培育创新创业师资，引进国外优秀师资，选派本校师资赴国外培训进修，通过国际会议、论坛、讲座等形式，学习创新创业前沿理论、成果和资源等。加强学生之间的交流互动，通过青年创客大赛等交流机制和方法拓宽学生视野，提升学生创新创业能力。

（三）创新创业教育平台资金的整合共享

实践环节是创新创业教育必不可少的一部分，加强创新创业平台的整合共享至关重要。一要加强实训平台的整合共享。对校内实训平台，要挖掘各类学科专业实训平台、实验室的创新创业教育功能，进行有效整合，实现面向全校师生的开放共享，使其服务于创新创业实践活动。大学生可以利用实训平台开展创业创业竞赛、技术落地，进而提升学生创新创业能力。对校外实训平台，高校要加强与地方政府的政策对接，挖掘地方资源，立足高校实际，打造服务地方经济发展和学生能力提升的实训平台。要加强与企业的交流，依托企业资源，开辟实习基地，打造校外创新创业实训平台。二要加强孵化平台的整合共享。针对有市场前景的创新创业项目，要遴选至孵化平台，加强扶持，使其发展壮大。整合校内创业孵化园、大学科技园等资源，对初创型企业加以扶持，同时要深化"校地"协同，利用政策优势，打造"政产学研"基地、大学生创业园、创新创业街区等创新创业平台，实现平台的共建共享。三要加强创新创业资金的整合共享。创新创业基金是创新创业活动的关键支撑，要加强资金融通，一方面，要整合校内各种创新创业资金，建立资金支持体系，降低大学生创新创业成本；另一方面，要整合各方资源，吸引社会资金支持创新创业。例如，通过校友捐赠，成立大学生创新创业基金，推动科技成果转化为经济效益，通过创新创业项目路演、洽谈会、对接会、竞赛等形式，为大学生创新创业项目提供展示平台和融资渠道；吸引政府企业来校设立创新创业基金，积极为大学生申请各类创业贷款等。

（四）创新创业文化资源的整合共享

高校创新创业文化发展水平影响着创新创业教育水平，良好的创新创业文化氛围可以提升学生的创新创业兴趣，激发学生的创新创业热情。实现创新创业文化资源的整合共享能有效推动高校创新创业教育发展。首先要加强国家和地方关于大学生创新创业的政策宣传，加强对社会优秀创新创业典型的宣传，邀请优秀创新创业代表来校参加讲座、授课等活动。另外，学校要建立激励机制，出台休学创业、学分兑换等相关创新创业支持政策；要整合校内各种宣传平台，诸如橱窗、网站、报刊、电视台等，开展创新创业宣传；要利用表彰大会、先进事迹报告会、经验分享会等形式树立和宣传创新创业典型，弘扬创新创业精神；要利用"挑战杯"全国大学生课外学术科技作品竞赛、"创青春"全国大学生创业大赛、青年创客大赛等各类创新创业竞赛以及创新创业奖学金评选、创业项目路演、创业基金评审等创新创业活动营造浓厚的创新创业氛围，形成大学生竞相创新创业的生动局面。

第二节　终身教育的高校创新创业学习资源库建设

在"大众创业，万众创新"的新常态下，作为人才培养和输送基地的高校更需要加强对创新创业人才培养的重视。我国高校创新创业教育尚处于初级起步阶段，资源数量有限，仍然需要进一步完善创新创业教学资源，促进终身教育理念下高校创新创业教育的发展。

一、高校创新创业学习资源库的构建意义

（一）积极应对高校现有就业形势

目前，我国城镇就业形势依然比较严峻，一方面，大学生毕业即失业现象明显，毕业生的就业压力比较大；另一方面，部分企业出现严重的"用人荒"问题。这个问题的解决需要转变高校毕业就业引导工作模式，保证学生的综合能力符合企业的人才需求。近年来，随着我国高校的扩招，毕业生人数不断增加。同时随着城镇化的发展，农村剩余劳动力不断向城市转移，这也进一步增加了城市就业的竞争压力。由此可见，提升大学生就业竞争力显得尤为重要，而在知识竞争背景下创新创业能力的培养和提升是提高大学毕业生就业能力的关键。

（二）促进高校大学生高质量就业

高校毕业生的就业不仅是学生个人的问题，也是社会关注的热点。但是，随着高校的扩招，毕业生人数不断增加，有限的社会岗位对人才的要求进一步提高。高校需要鼓励学生多渠道、多形式就业，通过创业带动就业，培养学生的创新创业能力，保证高校毕业生的就业稳定性，改善当前高校毕业生的就业严峻形势。同时优化创业环境，提升大学生创业技能，通过创业提升大学生就业率。创新创业能力培养是提升大学生就业质量的关键，创新创业教学离不开学习资源库的支持，学习资源库能为大学生创新创业能力的培养奠定基础。

二、高校创新创业学习资源库的建设现状

（一）学校课程资源建设不完善

从当前高校创新创业课程教学情况来看，课程融合质量不高，很多创新创业课程建设缺乏独立的课程体系。目前，大部分高校面向全体学生开展沙盘模拟课程，部分学校开设了创办你的企业（Start Your Business，SYB）课程。但是，授课缺乏针对性，没有结合学生的特点对课程进行设计，在教学内容的设置上也缺乏科学的标准，大部分课程内容多是借鉴其他高校的课程。由于不同学校的办学理念、专业特点等都存在较大的差异性，这将导致创新创业教学内容形式化严重，缺乏创新。

（二）学校创新创业活动建设有限

高校创新创业教育工作开展的主要目的是培养学生的就业优势和创新精神，因此，很多高校都会结合专业开展不同的特色活动。例如，食品专业开设"食品创意大赛"，服装专业开设"服装设计大赛"，机械专业开设"巴哈赛车创新大赛"等。创新创业教育面向全体学生，通过大赛的开展不仅有利于激发学生的创新意识，还有利于通过赛事的反馈来了解创新创业教育的效果以及存在的不足等。但是，当前能够经常举办这些赛事的学校非常有限，部分学校的赛事举办条件不足，部分学生对赛事举办重要性的认知不清，导致学校创新创业教育工作开展受到限制。

（三）创新创业教师队伍构建不足

创新创业课程师资结构不合理是高校创新创业教育普遍存在的问题。目前，大多高校的创新创业教育课程教师是由经管类教师专职或兼职担任，多属于"半路出家"，这些教师往往理论水平较高，以创业基础、创新管理等课程的讲授为主，但是缺乏由理论

转化为实践的能力，即产品的技术研发等核心技术能力，他们也就缺乏后续的项目孵化能力。所以，无法给创新创业的大学生，特别是想开办企业进行创业的大学生提供专业化的有效指导，难以满足有创新创业愿望和勇于创业的学生的实际需求。

三、高校创新创业资源库构建的路径

（一）高校创新创业资源库构建内容

高校创新创业资源库的内容需要保证丰富性，一是创新创业的理论、各种活动的视频、各方面主讲人的PPT以及各种创新创业赛事等都可以纳入创新创业资源库中。例如，毕业就业创业校园行的指导讲座工作，主要的活动内容为正确自我认知以及面试技巧的讲解等。从对学生求职面试另外的要求进行全面讲解，以及对面试中需掌握技巧等进行分析。通过生动的面试案例，对学生面试中可能面临的困惑和问题等进行答疑和解析。另外，也可以包括行业就业形势的讲座内容，邀请创业者对自身的创业历程进行讲解，为学生提供如何提升自身潜能的方法以及未来职业发展的建设性意见，并解答学生就业创业过程中出现的问题。二是高校创新创业资源库的内容包括创新创业就业课程、学校构建的课程体系以及创业校友回校的创业经验分享等。通常情况下，毕业生中都会有一些比较成功的创业者，他们的创业经验对在校大学生来说非常宝贵，并且能够对其他毕业生起到一定的激励作用。三是高校创新创业资源库还可以加入一些关于高校创新创业研究的课题内容，项目负责人通过收集与创新创业相关的文献资料，申报关于创新创业评估模型构建课题，课题可以就创新创业教育以及对周边经济的影响、创新创业企业生长情况以及对就业的促进作用等进行分析。另外，也可以以某个城市为研究对象，对创新创业城市的构建理论以及评估体系等进行研究，构建SWOT分析模式，有利于为高校创新创业工作的开展提供有效建议。四是高校创新创业资源库可以融入学生在创新创业项目活动开展中的内容。学校举办的创新创业活动会产生一些比较典型的案例，其中包括成功的案例和失败的案例，成功案例有利于学生在之后创新创业中进行借鉴，失败案例则为学生的创新创业活动开展发挥一定的警示作用。

（二）加大资金投入，组建导师库

教师不但是课堂教学以及创新工作的设计者，而且是培养学生创新创业能力的主力。因此，在创新创业资源库的构建中高校首先需要做好创新创业导师库的建设。学校需要为创新创业教师提供良好的培训空间，学校可以让教师进入企业，一方面，了解相关专业的最新发展动态以及企业发展的科技动态等，不断积累企业发展的最新素材，更新创新创业教育素材库；另一方面，通过参与技术研发、挂职锻炼，促进企业技术创新，将理论更好地应用在实践中。除此之外，学校可以组织教师观看《创新中国》等纪录片，拓展教师的创新创业教育视野，有助于教师掌握创新创业教育技法促进教学创新，打造"创新型""双师型"教师队伍。另外，学校还可以对外聘请创业成功人士作为创新创业教学的顾问或导师，使创新创业导师团队的能力水平不断提升。

（三）结合学生学习需求，打造课程活动资源库

课堂教学是创新创业教育工作开展的主阵地，高校创新创业教育工作开展的主要目的是促进学生的健康、全面发展，对学生进行创新创业知识、能力等方面的实践教育，提升学生的独立思考和创新创业能力。这样就不仅需要保持学以致用的理念，而且需要促进"用以致学"的落实。随着网络技术的发展，高校学生参与网络学习的积极性非常高，在创新创业教育工作开展过程中，教师需要充分利用科技的力量来转变学生的学习态度，使学生感受到科技与竞争的就业环境，通过这种大环境的营造来落实"用以致学"的教育理念。例如，教师可以结合学生的专业为学生设置一个项目，要求学生结合项目要求以及专业知识自主完成项目，这本身就是一个创新创业的过程，并且是对学生创新创业重要思维的培养过程。因此，高校需要适当加大对创新创业活动的研发力度，构建科学

的创新创业活动课程体系，为学生提供充足的活动资源库平台，包括动画、音频、视频、图片等不同的元素内容，学生在完成项目时可以结合这些活动资源库内容进行下载和阅览，从而满足学生的不同学习需求。

（四）创建合作项目，构建校企合作项目库

为培养素质高、能力强的创新创业人才，一方面，高校可以通过与企业合作的方式将企业管理制度、企业文化、技术、设备等纳入学校创新创业体系，这样能够弥补学校资源的不足，让学生熟悉创新创业条件和环境，为学生提供更多的学习与实践机会，使学生创新创业能力得到大幅提升，从而提高创业成功率；另一方面，在各个专业中引入相应的企业共同开展合作项目，这样既为学生提供了全面创新实践的机会，也为学生提供了最真实、低成本、低风险的创新创业平台。例如，计算机专业可以与软件公司合作，让学生承担一些小游戏的编程，通过这些项目合作提升学生的实践和创新能力。必要时，高校还可以引进创新创业培训机构，为学生提供创业培训认证，提升他们的认知水平和创业能力，通过这种方式，让学生知晓创业者的素质要求、企业运作方式、企业管理理念和企业发展战略等。

（五）挖掘创新项目，构建项目孵化库

创新创业活动的一个难点就是创业模拟，创业模拟是锻炼学生创新能力最有效的形式之一。所以，在创新创业教育资源库的构建过程中还需要强调情景的构建，学校可以针对创新创业教学工作的需要为学生构建创新创业项目孵化中心，构建真实的创新创业环境，学生在其中能够结合真实的场景、任务、问题等进行创新创业项目训练。例如，学校可以鼓励学生自主创设一些格子商铺、物流小作坊等。在创新创业孵化库的建设中为了保证资源的充分性和系统性，需要设计系统的项目内容，在项目选题，大赛流程、策划、营销、推广、财务预算，以及最终答辩等各个方面都需要进行详细的策划，将"双

创"活动转变成为一个真正的、全面的创新创业过程。将教学与赛事进行紧密结合，发挥专业技能和"双创"教育优势，并通过与企业合作的方式将部分学生的研究项目在小微企业落地生根。

综上所述，高校大学生创新创业资源库的构建对高校创新创业工作的开展具有重要作用，但是，从我国高校当前创新创业教育工作开展情况来看，其中仍然存在很多不完善的地方，在教育资源、教师以及教学素材、方法等方面都存在较多不足。为了保证终身教育背景下创新创业教学工作的顺利开展，学校需要结合当前存在的问题，构建符合当代高校创新创业发展的四位一体的资源库，包括导师库、活动资源库、创新项目库以及项目孵化库，为大学生创新创业发展提供持续的资源支持，提升高校的人才培养能力，缓解大学毕业生就业压力。

第三节　高校校本资源发掘与创新创业教育特色的形成

我国创新创业教育的兴起与发展顺应了全球创新驱动经济发展的热潮，更是高等学校自身发展和人才培养使命的需要。国务院办公厅发布的《关于深化高等学校创新创业教育改革的实施意见》（以下简称《意见》）为高校开展创新创业教育提出了具体要求。《意见》中规定了"坚持育人为本，提高培养质量；坚持问题导向，补齐培养短板；坚持协同推进，汇聚培养合力"的高校"双创"教育改革基本原则。目前，各高校的"双创"教育工作呈现蓬勃发展之势，部分高校发掘和统筹校本资源探索出了独具特色的"双创"教育体系和模式：如"广谱式"的"双创"教育、"温州模式"的"双创"教育、"园区助推型"的"双创"教育、"产学研用一体化"的"双创"教育等。更多高校依然是战略上重视，战术上千篇一律，导致出现了资源整合度不高、教育特色不明显、人才培养质量不突出等问题，集中的表现是成立了专门的"双创"机构但协同力不够，开设了

"双创"课程但质量不高，建设了校园创业孵化器但管理缺失，组织了"双创"赛事但成果转化很少。对高校而言，开展具有校本特色的"双创"教育是促进"双创"教育系统化科学发展、差异化纵深发展、多元化协调发展的重要举措，这样才能以"双创"教育改革为契机推动人才培养模式改革，培养一批具有校本创新创业基因的拔尖创新人才、高素质创业人才、青年行业领军人才。

一、校本资源发掘是高校创新创业教育特色形成的重要基础

校本资源发掘是高校创新创业教育形成的重要基础，这是由资源要素的内容与功能决定的。课程、师资、平台等校本资源要素是支撑"双创"教育开展的必须要素，资源要素的功能发挥是"双创"教育特色形成的重要内容，校本资源要素的有机组合是"双创"教育特色形成的重要保障。

（一）校本资源要素是"双创"教育开展的重要依托

正所谓"巧妇难为无米之炊"，"双创"教育的开展必须依托校本资源来进行。为了系统地认知校本资源，本节根据校本资源的形态特征将其按照微观层面、中观层面和宏观层面三个层面来划分，并分类整理、归纳了与"双创"教育相关联的校本资源。微观层面的校本资源是指直接参与创新创业教育的人、财、物等教育要素，主要包括课程体系、师资队伍、实践平台、专项资金等。中观层面的校本资源主要是通过环境氛围、体制机制和机构设置等间接影响创新创业教育开展。宏观层面的校本资源是处于统管地位的资源，对中观和微观资源产生控制性影响，主要有政策经济资源、行业和社会资源。

（二）校本资源的功能发挥是"双创"教育特色形成的重要内容

"双创"教育特色形成的过程便是校本资源功能发挥的过程。校本资源的功能主要有：环境氛围营造、基础保障、精神意识培养、实践技能训练等。通过环境氛围的营造

可以形成文化引领的"双创"教育特色，突出精神意识培养可以形成"广谱式"的"双创"教育特色，扎实的基础保障和整体资源要素功能的有序发挥可以形成综合发展式的"双创"教育特色。

（三）校本资源的有机组合是"双创"教育特色形成的重要保障

校本资源的有机组合是资源功能有效发挥的基础，同时也是"双创"教育特色形成的保障。根据本节前面对校本资源内容及功能的分析发现，宏观层面的资源要素更多以政策文件和人、财、物的实际支持为主，通常作用于高校"双创"人才培养，但不直接作用于大学生"双创"教育全过程。中观层面的资源要素主要是学校对"双创"教育的硬件和软件支持，包括成立专门机构、出台专门文件、制定发展规划等，起着承上启下的作用，链接宏观层面和微观层面的教育资源。微观层面的资源要素主要是师资、课程、实践平台和资金，这些要素直接作用于高校大学生，参与"双创"人才培养的全过程。因此，虽然并非所有校本资源都直接作用于高校大学生，但宏观、中观、微观的校本资源都贯穿"双创"人才培养全过程。鉴于此，校本资源实现有机组合才能保障达到教育效果，进而形成"双创"教育特色。

二、形成创新创业教育特色是提高校本资源质量的重要途径

一方面，创新创业教育特色形成以校本资源为基础；另一方面，又能促进校本资源质量提升。主要表现在以下三个方面："双创"教育特色影响宏观政策方向倾斜，"双创"教育特色引领资源结构优化，"双创"教育特色打造资源要素优势集群。

（一）"双创"教育特色影响宏观政策的方向

近年来，我国大学生创新创业扶持政策逐步完善，宏观创新创业政策的调控、引领、保障、激励作用更加充分体现。国家和地方的宏观政策制定是基于现状、问题、趋势和

期待做出的动态平衡下的引导性决策，校本宏观政策的制定是基于学校的层次、特色及人才培养目标动态强化下的指导性决策。二者都会充分考量现有的成果、特色及发展目标，在此决策逻辑下的政策制定往往更多在"扬长避短"中不断增强特色，扩大优势，在"取长补短"中强调协同发展，避免形成短板掣肘。因此，"双创"教育特色会成为一面"旗帜"，从高校本身来看，会出台系列政策强化这面"旗帜"；从当地政府来看，相关部门会通过政策引导为"旗帜"增添色彩；从教育主管部门来看，会为避免"千校一面"，制定宏观政策引导高校"各树其帜"，集中力量形成优势强项，强化特色，打造校本"双创"教育名片。

（二）"双创"教育特色引领资源结构优化

"双创"教育特色形成不是简单计算举办了多少活动，开展了多少科学研究，产出了多少发明专利，孵化了多少创业团队，获取了多少创业资金，或者以这些量化指标直接构成"双创"教育特色。高校形成各具特色的"双创"教育，在过程中应注重人才培养方法创新、跨界融合教育创新、"互联网＋教育"途径创新、师资队伍优化创新、支撑保障体系创新，在方式上主要体现融合性、系统性和协同性，在结果上主要突出人才培养质量和人才培养特色。

"双创"教育特色的形成最终体现在人才培养质量上。人才培养的过程不是单一资源要素的简单叠加，也不是多种资源的复合累加，"双创"教育特色形成也是同理。这是一个不断优化其内在结构系统的过程，包括但不限于政策导向、课程、师资、实践、孵化、资金等资源要素自身内容的优化、结构的优化及其作用形式的优化。因此，"双创"教育特色形成是资源形态不断有机组合的过程，也是引领资源形态继续不断优化而再作用的过程。

（三）"双创"教育特色打造资源要素的优势集群

目前各高校为推动大学生创新创业，均注重整合资源、注重合力、注重创新模式，但校际"双创"教育发展不平衡，从中国"互联网＋"大学生创新创业大赛的竞赛结果中可见一斑。近几年，大部分省份的"互联网＋"大赛国家级金奖被个别几个高校垄断，大部分普通本科院校项目甚至拿不到进入国赛的入场券。"双创"教育发展不平衡的背后是资源的不平衡，越是"双创"教育颇具特色和成果的高校越能获得更多政策性支持，例如当地政府给予更多的资金支持，受到校友和社会机构的投资基金的更多青睐，同时学校自身也给予"双创"教师职称评聘方面更大激励力度等。"马太效应"在教育上也客观存在，"双创"教育特色能不断打造优势资源并且形成聚集效应，进一步拉大校际差距。因此为了缩小差距甚至实现"弯道超车"，各高校探索出校本"双创"教育特色形成的模式和路径十分重要。

三、高校创新创业教育深入发掘校本资源的模式和路径

创新创业教育是多要素综合作用的具有生态系统特征的教育。2013 年我国学者黄毅军提出用"人的全面发展"理论指导"双创"教育，他认为"双创"教育的宗旨是提高学生的综合素质、增强学生的创新创业意识与能力，目标是实现学生的全面发展。围绕这一人才培养目标，国内高校在全面整合优势资源的基础上，充分发挥具有核心竞争力的校本资源打造具有校本特色的"双创"教育。根据大学生能力培养的三个维度即精神意识、科技创新、实践育人等归纳出四种资源挖掘模式：磁石模式——文化引领，精神培育；聚焦模式——立足学科，鼓励创新；辐射模式——辐射区域，实践育人；融合模式——多元交融，综合发展。

（一）磁石模式——文化引领，精神培育

磁石模式注重面向全体学生开展创新创业意识、精神以及素养的培养，这种教育建立在"鼓励创新、宽容失败"的良好社会文化氛围和校园文化氛围基础上，并以第一课堂和第二课堂为最主要的载体。归纳发现，发挥高校文化引领的驱动作用、学生价值认同的精神动力，高校可结合校本实际，借力宏观层面的社会经济资源，夯实微观层面的执行基础，聚焦中观层面的环境氛围营造，产生的良好"双创"教育成果。

（二）聚焦模式——立足学科，鼓励创新

聚焦模式更加强调和关注创新创业的实际效用，注重"产学研用"资源整合和协同发展，促进高校科技成果转化，着力培养一批拔尖型创新创业人才和企业。

（三）辐射模式——辐射区域，实践育人

辐射模式立足区域经济发展和行业人才需求，整合政府、企事业单位、高校优势资源，鼓励不同学院的教师和学生共同参与项目式合作。

（四）融合模式——多元交融，综合发展

融合模式是以人的全面发展为目标，以创业实践活动为载体，以创新创业精神培养为核心，以增强创业素质为关键，通过打破专业界限和传统课堂教学范式构建创新人才培养的教学体系，以创业竞赛和创业实践为牵引构建系统化的实践活动体系，多点强化师资队伍建设、实践平台建设、资金支持体系和辅导服务体系，形成一整套综合式的创新创业人才培养模式。

四、打造创新创业教育特色的对策建议

高校校本资源的发掘是创新创业教育特色形成的重要基础，创新创业教育特色形成是提高校本资源质量的重要途径，二者相向而行、相辅相成。校本资源的有机协同作用，将促进资源由低级无序状态转向高级一致性状态，从而形成校本特色的"双创"教育，进而不断优化资源要素质量及组合，形成良性动态"双创"教育生态系统。

（一）定位特色：以生为本，立足校本

创新创业教育特色定位和模式路径直接影响着创新创业型人才培养体系，所以，这就要求高校必须要结合自身的办学特点，以生为本，立足学生成长发展需求和学校人才培养目标，构建校本特色的创新创业人才培养模式。一是坚持以育人为根本，将学校人才培养目标与创新创业意识、能力培养和学生的成长发展诉求紧密结合。二是坚持以问题为导向，重视学生对学校人才培养方面的满意度评价及意见，努力突破校本人才培养薄弱环节，更新理念，补齐短板，把握契机，将打造创新创业教育特色作为高校深化教育教学改革的一部分。三是坚持以思想政治教育为阵地，将创新创业教育与思想政治教育相结合，为党和国家培养高质量的"双创"人才。四是坚持创新创业教育与专业教育相结合，鼓励师生立足专业进行创新创业教育实践，将学校的学科优势转化为创新创业人才培养优势，促进理论教育与实践教育的深度融合。

（二）提升特色：多课堂交互，全过程培养

教育教学资源是高校最重要的资源之一，校际的教育教学内容、形式有各自的独特之处，更易依托其形成学校"双创"教育特色。那么依托教育教学资源，提升创新创业教育特色需要做到：一是进一步改革第一课堂，优化专业课程内容和结构，鼓励学生创新运用理论知识解决实践问题；二是拓展第二课堂的形式和内容，不再拘泥于各类活动

的举办，加强整体性的规划和与第一课堂的有机衔接；三是面向全体学生实行分层分类的"全过程培养"的创新创业教育，提升校本创新创业教育特色。通过教育价值理念创新、人才培养模式再造、课程体系内容重构、实践服务平台完善，构建涵盖第一课堂、第二课堂、专业实践、创业实践、项目培育、团队孵化等内容和"全过程培养"的创新创业教育模式。

（三）强化特色：深化协同链，发展生态圈

创新创业具有跨学科、跨行业、深度链接产业的特点，与科学研究、项目服务、成果转化、地方发展紧密相连。为使校本创新创业资源的效应得到充分发挥，学校各系统、各部门，社会各界须深化协同链，构建良性生态圈。一是高校要加强多部门协同联动，统筹整合好本科生和研究生教务、实验室、科学研究、学生工作、就业创业、社会合作、校友、团委等相关机构资源，形成多部门联动的工作机制和协同培养体系。二是高校要加强与政府、行业机构、科研院所、金融机构、中介机构的深度合作，完善"政产学研金介用"协同育人链条，形成社会全方位支持学校创新创业教育和有利学生创新创业的良好生态圈。

（四）彰显特色：营造好氛围，保障好质量

创新创业教育特色是一个"形成—发展—凸显—完善"的发展过程。在特色动态发展的全过程适度彰显初步成效，有益于聚集优势资源，整合发展校本特色。一是营造浓厚的校本创新创业氛围，通过选树"双创"典型，打造品牌活动，建立线上线下一体化、四屏联动的宣传矩阵，全方位营造良好氛围；二是加强校本的创新创业教育社会影响力，联合区域和全国媒体及"双创"教育联盟，提升学校知名度和影响力；三是夯实基础保障，在人员、机构、场地、资金等方面加强政策引导。四是建立校本化的"双创"教育评价体系，加强学校对相关部门及培养单位在教育过程中的投入和产出评价，保障教育质量。

第四节　新时期高校创新创业教育课程资源开发

概括地说，"创新创业"是中国新时期提出的一个新概念，包括但不限于高等教育领域，在各个产业、行业中均处于一种初始化阶段，存在许多理论前沿问题值得探讨。毋庸置疑，创新创业在高校领域具有更高的契合性，其主要契合点就是"高等人才"。新时期，"大众创新、万众创业"的经济发展理念能否呈现价值，关键在于人才的创业创新实践意识的强弱，以及创新创业能力的高低，而高校作为高等人才的培养机构，将"创新创业教育"课程化，既是一种教育职能的显现，也是一种社会责任的履行。结合相关研究表明，创新创业教育有着丰富的理论支撑，结合高等教育不同职能，可以迅速组建对应的教育理论框架（如高职高专、普通高等学校等），进而不断丰富理论内涵和外延。但是，教育毕竟不是"空中楼阁"，理论研究越成熟，教育课程资源匮乏就越明显，这是我国高校在创新创业教育起步阶段必然要面临的问题。

一、新时期高校创新创业教育课程开发现状分析

新时期背景下，高校创新创业教育已经成为一个热门话题，但鲜有研究专门针对高校创新创业教育课程资源展开，这不可避免地造成了我国高校创新创业教育实施的狭隘性。结合现状表现，高校对"创新创业教育"的认知过于概念化，强调校内教育资源优势，而忽视与企事业单位资源、社会组织资源、国外资源等整合，导致创新创业教育课程开发力度不足，也未能形成适应我国高校的创新创业教育范式。直观上，"无据可依"成为高校创新创业教育发展的"拦路虎"，也是一个高校创新创业教育课程开发现状不佳的合理借口。"创新创业"是新时期中国高等教育发展中的新命题、新理念和新方向，但从理论研究角度出发，"创新创业"并不是一个毫无根据的对象，可以将其视为高校

基本事实策略应具备同其他研究对象一致性的问题，包括概念定义、内涵界定、研究对象等，而这一切的基础，又回归到了高校创新创业教育课程资源之上，只有明确了这一点，才能形成有据可依、有证可考的实施途径。

"创业教育"的概念在 20 世纪 80 年代末由联合国教科文组织提出，彼时作为一个新生概念，并没有真正引起高等教育领域注意，仅将其视为一种依附于传统高等教育下的事业意识、开拓技能教育。直到 1995 年，"创业教育"的概念被联合国教科文组织明确阐述，内涵进一步丰富，包括"求职就业"和"创造新的岗位"两个方面，而此时我国高等教育人才培养同质性过高，创业精神、创业技能的培养才真正引起了高等教育的关注。同一时期，国外一些发达国家在创新创业教育课程的开发方面已经取得了一定成果，而我国由于经济、科技、文化等领域的因素影响，导致其发展相对滞后。1999 年教育部出台《面向 21 世纪教育振兴行动计划》，长期依赖封闭式发展的高等教育呈现开放趋势，高等人才质量开始接受市场检验，人才培养开始面向市场需求转型，"大学扩招"实现高等教育向大众覆盖，由此拉开了创业教育的大幕。整体上，21 世纪的前10 年，我国高校在创业教育研究方面，主要完成了 6 个方面的"准备工作"，分别包括：创业教育与创新教育素质教育的关系研究、高校开展创新教育的意义研究、创业教育与创业行为的关系研究、创业教育的国际交流、创业教育的可行性方式研究以及创业教育在高校教育模式下的体系构建研究。应该说，我国高校在"创业教育"方面，已经奠定了相对完善的基础，但也存在明显的发展短板，针对创新创业课程开发力度不足，尤其是教育资源方面开发能力较弱，未能对高校创新创业教育提供有力支持，突出表现包括课程开发理念与现实脱节、课程目标设计不够科学严谨、课程内容不明确、教材编写不统一 4 个方面。

二、新时期高校创新创业教育课程资源开发技术路线

"教育资源"是教育价值和意义的载体，泛指教育机构用于维持正常教学活动和维

护教育事业可持续发展的一切有形、无形资源。将"创新创业"作为教育资源的定语，有助于明确教育资源的范围，广义上说创新创业教育资源是指一切有利于创新创业型人才培养教育活动的人力、财力、物力资源总称，具有明显的物质性特征。关于新时期高校创新创业教育资源开发的技术路线，可以简单地归结为3个步骤：资源关系型构建、资源课程式转化、资源全面性整合。

（一）创新创业教育资源关系型构建

创新创业教育资源的直接利用对象是高校，因此广义上的一切资源，都应该具备和学校现有创新创业意识、能力、条件等资源的关系构建能力，概括地说包括以下6个方面。

一是将高校领域具有创业创新优势的专家资源集中起来，在高校之间建立教师资源关系。教师是教育活动的执行者，如果教师本身有着丰富的创业经验、强烈的创新意识，那么对课程资源的开发无疑可以起到事半功倍的效果。

二是将高校专业师资力量与社会企业家资源集中起来，建立高校与企业之间的资源关系。其中，高校专业教师具有专业知识资源，社会企业家具有资金、设备、产品、市场等资源，这种关系的构建，实际上等同于"理论联系实际"，这也是高校创新创业教育的基本原理。两种资源之间关系的建立，可以实现理论、实践在教育活动中的优势互补。

三是在高校内部创新创业实验室与真实企业环境之间建立关系，以此来弥补高校有形资源存在的不足，并可以借助真实企业环境将创新创业的具体创意呈现出来，转化为生产力，生成经济效益，达到合作双赢的目的。

四是建立高校课堂与创业演讲之间的关系，形成一种更为开放式的教学模式。客观上，高校教师讲课的主要依据，源自教育学、心理学及专业素养下的认知，而创业演讲的形式则是"经验分享"，并不强调逻辑性、理论性，建立这两种传播形式的关系，可以让大学生更接近创新创业实际，学会用理性思考。

五是以学生为主体，建立创业意识和创业能力的关系。创业意识源自精神激励，创业能力则需要脚踏实地的探索、实干，只有创业意识而无创业能力无异于空想，反之，则表现得碌碌无为、毫无规划。

六是统筹创新创业教育的课程，建立彼此之间的有机关系。具体包括心理学、管理学、经济学、成功学等，除了专业知识、技能的培训，还要重视学生情商、逆商的强化，不断激发他们的创新思维，提高创业实施中的抗压能力。

（二）创新创业教育资源课程式转化

基于创新创业教育资源的"关系型构建"，可以将以上6种关系模式分别置于3类课程式转化中。

1. 高等教育全生命周期课程式转化

按照我国高等教育的学制要求，一般本科四年、专科三年，结合高等教育时间和人才培养目标，立足全生命周期理论展开创新创业教育资源的课程式转化，有利于我国高校创新创业教育课程范式的构建。这一阶段的课程资源，主要从宏观角度发挥创新创业教育功能，如帮助大学生树立创新意识、创意精神、明确发展方向、培养何种能力等。

2. 高等教育不同阶梯段课程式转化

以每一学年为一个阶梯，结合本学年的具体学习内容，实现创新创业教育资源与课程的融合，逐步进行系统化。例如，可以改变传统授课方式，组织创业模拟、创新辩论等活动。尤其要在教材方面下足功夫，基于校本课程开发理念，根据不同专业在不同学段的要求，开发一系列创新创业教材以供学生使用。

3. 高等教育具体项目的课程式转化

通过创业大赛、创新设计活动等具体项目方式，定期或不定期地在高校中展开资源的课程式转化，让大学生将课堂上学到的知识，在课余时间消化、整理，转化为具体的资源。

（三）创新创业教育资源全面性整合

如上文所述，高校创新创业教育课程资源中包括一切有形、无形资源，在发挥具体的教育价值方面，需要将资源全面性整合，形成一个具有高校教育特色的资源体系，这有助于构建高校创新创业教育的养成模式。

"整合"包括两种形式，一是指高校内部有形、无形资源的全面性整合，二是指高校与外部环境之间有形、无形资源的全面性整合。这两种形式的目的是统一的，即针对高校创新创业教育资源进行优化，实现与课程教学的有机结合，达到更容易利用的效果。从这个角度说，创业教育资源整合是服务于创业教育的一项活动，立足一个具体的资源实现目标，通过一切可能的方式进行挖掘，并纳入创新创业教育体系中来，同时也对所获取的资源实现了科学配置、优化和重组。

三、新时期高校创新创业教育课程资源开发实践策略

新时期高校创新创业教育是时代赋予的使命，基于当前在教育资源仍处于起步阶段的事实，高校自身还存在大量工作需要去做，加强创新创业教育资源开发，可以从以下几个方面着手。

（一）创新创业教育课程资源的研究方法、思路和内容

借鉴国际教育前沿理论，采取科学计量学的可视化技术，实现对我国高校创新创业教育课程资源开发的基本模式构建，涉及相关学科、相关技术、相关领域等，促使高校创新创业资源的外延和内涵进一步丰富。以最终的"整合"为主，完成学科整合、师资整合、途径整合，归纳到研究方法、思路和内容上，在有形资源上形成课堂教学为基础、课外活动为辅助的模式，在无形资源上注重思想观念教育氛围的开发，体现出强烈的"创新创业"意识。

（二）创新创业教育课程资源开发为目的的课程体系建设

任何一个时期或一个层次的教育改革中，"课程"都是最为基础的，也是最关键的建设目标。课程建设必须依据高校教育的制度框架，否则无法确保教育资源的合理运用。换而言之，高校只有合理安排创新创业教育的课程设置，才能有序地、有效地将相关资源优势体现出来，并通过日常教学活动发挥作用。

一个科学合理的课程体系建设，需要平衡创新创业教育的"理论价值"和"实践价值"，一旦出现偏离现象，就不符合推动学生全面发展的要求。具体来说，课程设置要使创业教学、教学科研、创业能力和综合素质平衡发展。值得注意的是，"课程体系"在创新创业教育的范畴下，应该是独立于传统高校课程体系模式的，它不以课堂空间为局限，不以专业课程知识为限制，可以通过多样化的实践机制。例如，在校内建立创新实验室、创业实践平台等，最终目的是要让学生在接受理论教育之后有充足的平台来用实践证明所学知识。

（三）创新创业教育课程资源开发下的师资队伍重构

教师是教育的主导者、组织者和监督者，无论何种形式的课程，其最终价值呈现都是由教师传播行为实现的。创新创业教育课程资源开发背景下，师资队伍面临着必然的重构，这是因为在课程资源的成分方面，已经在一定程度上脱离了教材范围，脱离了专业，脱离了逻辑分析和科学方法，而完全基于实践经验的积累。因此，"师资队伍"的内涵也必然需要更为丰富，其中既包括具有创新创业精神的教师，也包括企业家、创业者，他们与大学生面对面的交流，能够起到言传身教的启发作用。

需要强调的一点是，在师资队伍的重构过程中，必须坚持高质量的师资引进，无论引进还是本校培养，既要注重创业师资具有丰富的专业知识和实践技能，又要注重年龄、资历、学缘结构、职称等多项要素，要综合评价，特别要注重创业师资对大学生的创业意识和企业家精神培养。

结合上述分析，新时期我国高校创新创业教育课程资源开发势在必行，它是维护高等教育人才保持创新意识、创业精神的长效机制，同时也为我国高等教育整体上的创新发展，提供了明确的方向和有效的途径，打破了长期以来高等人才培养与社会需求脱节的瓶颈，促使大学生更具有拼搏进取精神，对整个国家发展和民族振兴也具有重要意义。迄今而言，"双创"的教育资源还较为稀缺，作为一个高等教育改革方向，只有企事业单位与高校内部各部门之间的通力配合，开发多元化资源获取渠道，构建多样性资源融合机制，将更多的校外资源吸收、转化形成"可用之材"，才能推动高校创新创业教育水平的不断提升。

参考文献

[1] 刘贵芹 . 深化高校创新创业教育改革进一步提高人才培养质量 [J]. 中国高等教育，2016（21）：5-7.

[2] 姜伟 . 论创业教育中教学实践化和评价的辩证统一 [J]. 中国高等教育，2017（5）：47-50.

[3] 罗朝辉 . 地方转型发展高校教学专业师资队伍建设的思考 [J]. 大学教育，2016（6）：159-160.

[4] 张文娣，颜玄洲 . 高校创新创业教育师资队伍建设存在的问题及对策分析 [J]. 大学（研究版），2016（6）：41-45.

[5] 刘树春 . 高校创新创业教育师资建设的困境与突破 [J]. 科技创业月刊，2017（16）：63-65.

[6] 陈春晓 . 地方高校创业教育师资队伍建设的困境与机制创新 [J]. 高等工程教育研究，2017（3）：170-173.

[7] 宋明顺，孙卫红，赵春鱼，等 . 地方工科高校创新创业教育：困境与突破 [J]. 中国大学教学，2017（12）：31-36.

[8] 刘正安 . 我国高校创业教育师资队伍建设的现实困境与应对策略 [J]. 科技创业月刊，2017（3）：71-73.

[9] 王劲岐 . 高校创新创业教育师资队伍建设探析 [J]. 高教学刊，2017（24）：35-37.

[10] 李国强 . 创新创业教育师资队伍建设策略探析 [J]. 黑龙江教育，2017（4）：52-54.

[11] 焦新安，胡效亚，张清，等 . 地方综合性大学创新创业教育的思考与实践 [J]. 中国大学教学，2017（5）：58-63.

[12] 缪子梅．切实加强高校校内创业教育师资队伍建设 [J].中国高等教育，2013（23）：
    32-34.

[13] 张红梅．基于创新创业应用型人才培养的教师队伍建设 [J].继续教育研究，2016（4）：
    21-23.

[14] 高国平，钱俊．高校创新创业教育与专业教育互动融合中的师资队伍建设思考 [J].
    科技创业月刊，2016（23）：51-52.

[15] 刘彦军．高等教育综合改革背景下的创新创业教育模式探索 [J].中国高校科技，
    2015（9）：82-85.

[16] 张兄武，徐银香．探索构建分层递进式创业教育体系 [J].中国高等教育，2016（19）：
    54-57.

[17] 黄兆信．推动我国高校创新创业教育转型发展 [J].中国高等教育，2017（7）：45-
    47.

[18] 李亚奇，王涛，李辉．加强专业教师创新创业教育教学能力建设探析 [J].创新与创
    业教育，2017（5）：122-125.

[19] 李亚奇，王涛，李辉，等.新形势下能源动力类专业教师队伍面临的挑战及对策研究[J].
    高等工程教育研究，2017（增刊Ⅰ）：275-278.

[20] 鄢显俊．课堂教学能力是高校教师的首要职业能力 [J].中国大学教学，2016（3）：
    71-75.

[21] 姜衍，孙潇宇，殷丹丹.浅谈高校创业双导师队伍建设 [J].创新与创业教育，2017（5）：
    133-136.

[22] 朱飞．协同学视阈下的高校多元协同创业教育研究 [J].高等工程教育研究，2016（5）：
    39-43.